コンパクト版 保育内容シリーズ ④

言葉

谷田貝公昭 [監修]
大沢 裕 [編著]

監修のことば

　2017（平成29）年に「幼稚園教育要領」「保育所保育指針」「幼保連携型認定こども園教育・保育要領」が改訂（改定）され、そろって告示された。2018年4月より実施される。
　今回の改訂は、3つの施設、すなわち幼稚園、保育所、認定こども園を、幼児教育施設として認め、学校教育の基礎を培う場として、小学校以上の教育とのつながりを明確にしたことが特徴といえる。
　それぞれの園で就学までに「知識及び技能の基礎」「思考力、判断力、表現力の基礎」「学びに向かう力、人間性等」の3つの資質・能力を育てることを求め、それらの資質・能力の表れる具体的姿として、10の姿を挙げた。
　(1) 健康な心と体 －（領域）健康
　(2) 自立心 －（領域）人間関係
　(3) 協同性 －（領域）人間関係、
　(4) 道徳性・規範意識の芽生え －（領域）人間関係
　(5) 社会生活との関わり －（領域）人間関係
　(6) 思考力の芽生え －（領域）環境
　(7) 自然との関わり・生命尊重 －（領域）環境
　(8) 数量や図形、標識や文字などへの関心・感覚 －（領域）環境
　(9) 言葉による伝え合い －（領域）言葉
　(10) 豊かな感性と表現 －（領域）表現
である。
　これらは、幼児期にすべて完成し、確実にできるようになるということではなく、子どもたちが育っている方向性を表しているとしている。換言すれば、保育者と小学校の先生が「幼児期の終わりまでに育ってほしい姿」を共有するということである。

本「コンパクト版保育内容シリーズ」は、全体的には「健康」「人間関係」「環境」「言葉」「音楽表現」「造形表現」の6巻構成とした。

　本シリーズが完成したことは、なんといってもそれぞれの巻を担当した編者の努力に負うところが大きい。記して御礼申し上げたい。

　編者には、先の3法令を踏まえ、目次を立て、各章でぜひ取り上げてほしいことについて、キーワードをあげる作業をお願いした。また、保育内容の授業は、それぞれ15回実施することになっていることから、15章立てとした。

　執筆者は、それぞれの研究専門領域で活躍している人たちである。しかしながら複数の共同執筆者による協力的な著作であることから、論旨の統一や表現の調整に若干の不統一は免れ得ないが、多方からの批判叱正をお願いしたい。

　本シリーズが保育者養成課程にある諸子や保育現場の諸方にとって、研修と教養の一助ともなれば、執筆者一同、望外の喜びとするところである。

　なお、巻末に、「幼稚園教育要領」（抜粋）、「保育所保育指針」（抜粋）をつけた。ご利用いただければ幸いである。

　最後に、企画の段階から協力推進していただいた一藝社の菊池公男社長、小野道子常務、そして、編集担当の藤井千津子さん、松澤隆さん、川田直美さんに、衷心より御礼申し上げる。

2018年2月吉日

監修者　谷田貝公昭

まえがき

　言葉は、時代を写す鏡だと言われる。それは、その時代、地域に生きる人々の気持ち、考え、行為を如実に表すものだからである。現代は、言葉が過剰であると同時に、不足している状態でもある。
　新聞には日々新たに、これまで使われなかったようなカタカナ・専門語が並び、紙面を開くたびに意表をつかれた気に襲われる。メディアも、新しい言葉を使うことに酔っているかのようにさえ見える。しかし、英語をカタカナに置き換え、専門語を並べただけで、何か新しいことが起こったかのように捉えるのは、恐るべき錯覚であり、私たちの悪習・悪弊である。人に知られないようにして、知らない言葉をそっと調べた経験のある人も、少なくないであろう。わが国は現在、見知らぬカタカナで表される専門語が過剰に台頭している時代にあると言ってよい。
　他方、多方面で、語った言葉、書いた言葉の一部のみが文脈から切り取られ、その言葉をターゲットにして、揚げ足をとる傾向も、しばしば見受けられる。こうした状況に置かれているのは、政治家、官僚、芸能人など有名人ばかりではなく、教育者・保育者もまた同様である。このような状況の中にあっては、語りたいことも、安心して語ることが難しく感じられ、言葉を控えがちになる。本来、語られ、書かれるはずの言葉が水面下に隠れてしまい、言葉が不足した状態となっているのである。
　しかも、これらの状況が改善するどころか、ますますこうした傾向に拍車がかかりつつあるのは、憂うべきことである。
　このような時代の最中に生れ育つ子どもたちは、どのようにして言葉を習得し、使いこなすことができなければならないのだろうか。この問いに向き合うことは、当然ながら、あらゆる教育者・保育者に求められることである。しかし、そうした問いに対する解決のためには、おそらく各種の法規、各官庁が示す方針だけに注目しても、糸口をつかむことができるものではないだろう。

つまり私たちは、広く世間、メディアから各種の最新の情報を得つつも、言葉に関して、どのような経験を子どもにさせることが望ましいのかを、自己自身で思考しながら模索しなければならない。そして、そのためには、言葉に対して保育者が自らの哲学を持つことが必要である。

　保育の内容、言葉の指導に関して、各官庁等が示す言葉を、上意下達のように解説することはたやすいかもしれない。けれども、保育者が言葉に関して自身の考えを持つよう支援するのは、そう容易なことではない。本書は、通り一遍の保育内容の概説ではない。そうではなく、現職保育者、あるいは、保育者になろうとする者たちに、言葉の育ちとその支援の仕方を正面から捉え考えてもらうためのヒントを、文書の中に織り込んだ書籍である。

　この企画に賛同してくれた全国の有志、もしくは学識があり、かつまた保育実践にも造詣の深い先生方が、この書の執筆を担当してくれた。この書に過不足があるとすれば、ひとえに編者の力不足であり、自身がその全責任を追わねばならない。今後は、広くこの書に対する意見を頂き、今後のバージョンアップにつなげていきたいと思っている。

　この書の刊行にあたり、一藝社の菊池公男会長は的確な指揮のもと、企画が実現すべく後押しをしてくれた。また、編集担当の松澤隆さんは、編者を始めとして、執筆した先生方に的確なアドバイスを与えてくれた。そして、順調に刊行にこぎつける作業の、まさに黒子役を厭わずこなしてくれた。心から感謝の言葉を述べたい。　編者としては、本書の刊行が保育者養成に携わっている先生方の奮闘の一助となり、より良い保育実践に貢献することができれば、これに勝る幸せはない。

　2020年1月

編著者　大沢　裕

もくじ

監修のことば 2
まえがき 4

第1章 保育内容"言葉"の意義
第1節 人間にとっての言葉 9
第2節 領域「言葉」の特徴 11
第3節 領域「言葉」をめぐって 14

第2章 領域「言葉」の概要
第1節 領域「言葉」とは何か 17
第2節 領域「言葉」のねらいと内容 19
第3節 改訂のポイント 24

第3章 言葉をよりよく理解するために──各学問の知見から──
第1節 幼児語研究の歴史 25
第2節 国語学・言語学の領域から 26
第3節 「子どもに向けられた発話」(CDS)について 28
第4節 多文化共生・多文化保育の観点から 30
第5節 今後の展望 31

第4章 言葉の発達の概要
第1節 前言語期の言葉の発達(喃語を中心に) 33
第2節 話し言葉の視点から 36
第3節 読み言葉の視点から 38

第5章　自己表現・コミュニケーションツールとしての言葉

第1節　言葉の機能について　*41*
第2節　保育の場面から事例を通して　*44*
第3節　言葉による伝え合いの援助の視点から　*47*

第6章　言葉と基本的生活習慣

第1節　言葉と基本的生活習慣との関係　*49*
第2節　人間関係の基盤としての言葉　*50*
第3節　基本的な言葉遣いや生活習慣の見直し　*55*

第7章　言葉と児童文化

第1節　歌を楽しむ児童文化　*57*
第2節　物語を楽しむ児童文化財　*58*
第3節　子どもを育てる「物語」　*62*

第8章　言葉の味わい

第1節　言葉への興味・関心　*65*
第2節　唱えて楽しむ言葉　*67*
第3節　聴いて楽しむ言葉　*70*

第9章　文字としての言葉

第1節　話し言葉と読み言葉・書き言葉　*73*
第2節　文字の獲得　*75*
第3節　文字と関わる保育　*77*

第10章　指導計画と評価——「言葉」の視点から——

第1節　指導計画　*81*
第2節　指導計画例　*84*

第11章　0歳～2歳児の保育と実践

第1節　乳児期の言葉　*89*
第2節　1歳の言葉　*93*
第3節　2歳の言葉　*94*

第12章　3歳～6歳児の保育と実践

第1節　絵本、幼年文学（児童書）を通して　*97*
第2節　言葉遊びの過程から　*98*
第3節　言葉と表現　*100*
第4節　集団の中で　*102*

第13章　小学校との連携

第1節　連続性のあるカリキュラム　*105*
第2節　教科「国語」との関連　*109*
第3節　学力の基盤としての「言葉」　*111*

第14章　特別な支援を必要とする子どもと領域「言葉」

第1節　特別な支援を必要とする子どもの言葉の発達　*113*
第2節　特別な支援を必要とする子どもの言語発達の特徴と保育の場での配慮ポイント　*117*

第15章　現代社会における「言葉」の問題──将来への展望──

第1節　現代社会の様相と「言葉」　*121*
第2節　幼児教育・保育における英語教育の現状　*125*
第3節　「言葉」を育む環境としての保育者と将来への展望　*126*

付録（関連資料）
　幼稚園教育要領（抜粋）　*129*
　保育所保育指針（抜粋）　*135*
監修者・編著者紹介　*143*
執筆者紹介　*144*

第1章 保育内容"言葉"の意義

第1節 人間にとっての言葉

1 表現手段としての言葉

　人間にとって言葉が表現手段のひとつであること、このことに異論をさしはさむ余地はない。表現という行いは、主として自分自身の中にある思い、考え、意見、感じ、そして、美しいと感ずること、逆に悲しみなどを外に発することである。これとは全く反対に他者の思い、考え、意見などを受け取る方向もある。これが、いわゆる印象である。
　それを英語に置き換えると、いっそうはっきりする。「expression」(表現)は、自らの中にあるものを外に押し出すことである。逆に「impression」(印象)は、外にあるものを自らのうちに刻印することである。しかし、この「表現」と「印象」は、全くバラバラのものではない。
　実は、表現と印象は表裏一体の関係にある。未知のことを知った場合、人間はそれを他の者に語ろうとする。逆に自身が語りながら——それが独り言でない限り——語ったことの反応を受け止めようとする。典型的な例が、語ることと聞くことの関係、あるいは、読むことと書くことの関係である。このように、相互の関わりの上に、言葉は成り立っている。
　ところで言葉は、他の表現手段とは、きわだって違った側面をもっている。それは、言葉というものが特に文化の色合い、しかも制約を、強く帯びていることに起因する。例えば、芸術は必ずしも地域・時代にとらわれず、その美は地域や時代を超え出ることができる。しかし言葉は、

基本的に地域と時代の制約を強く受ける。

　そもそも言葉と文化との関係は、2つに区分される。それは、人間文化としての言葉、そして地域性・時代性を帯びた言葉、である。1つが普遍性の方向であるとすれば、もう1つは特殊性の方向である。

2　人間文化としての言葉

　言葉は、人間独自のものであろうか。人間と動物たちとでは、コミュニケーションのあり方に、決定的な違いがある。動物たちは、本能を基礎にして行動しているから、音の発声も衝動的であり、すっかり環境に依存している。つまり、動物たちが吠(ほ)えたくなるような環境が整ったとき、彼らは音声を発するのである。

　確かに、人間の中にも衝動的な活動、思いがあり、それが外に発せられることもある。スポーツにおける勝利の雄叫(おたけ)びは、その最たる例であろう。しかし人間は、衝動のおもむくままに言葉を発するとは限らない。言いたくとも言えない思いは、誰もがしたことがある。相手に悪いと思えば、言いたいことをひかえることは、大人なら、むしろ当然のマナーである。逆に、言いたくないのに、答えることを強制させられることもある。また、理性により、吟味(ぎんみ)に吟味を重ねた慎重な発言もある。

　いずれにしても、言葉が言葉であるためには、自分が伝えたいことを他者に理解してもらうことが前提である。他者に理解しがたい言葉、他者の理解を考慮しない言葉というものは、一種の自己矛盾(むじゅん)である。例えば、人間が病気に伏してうなされている状態を思えばよい。彼は、真の意味で言葉を話しているのではない。

　このように言葉は、他者の存在を前提としている。しかし、実は他者を介しない言葉も存在する。「内言(ないげん)」がそれにあたる。内言として、人間は言葉を使って思考する。言葉なしには、人間は思考することができない。思考をすることで、人間は、いわば自分を対象にして語っている。つまり思考する場合には、話し相手もまた、自分自身なのである。

3 言葉と地域性・時代性

　言葉には、自身にとっての母国語と外国語がある。しかし、母国語の中にも、話し言葉と書き言葉がある。また話し言葉の中にも、いわゆる標準語と方言とがある。さらに外国語も母国語も、また話し言葉も書き言葉も、時代の制約を受けているから、言葉は時代とともに変化していく。わが国の言葉として使われた言葉でありながら、古文、あるいは書き下し文を欠いた漢文を理解する難しさを、私たちは常々痛感している。

　子どもの発達は、まず身近の、自身が触れる地域・時代の中で用いられている種類の言葉の獲得から、出発する。

　母国語と外国語を比較したとき、興味深い違いが分かる。日本語の場合には、話し言葉の多くで主語が省略される。英語（や多くの外国語）の場合、必ず主語が誰になるかを意識しながら語らなければならない。さらに日本語の場合、否定形が文の末尾につく。日本語は、話の中で相手の様子・顔色をうかがいながら、語りおえる最後で、否定形か肯定形かを決める猶予がある。しかし英語などでは、否定形は、文頭近くに入るので、ある程度決意をもって語らなければならなくなる。

　この事例は、自身の意見を他者に明確に主張することを「是(ぜ)」とする英語圏の人たちの考え方の成立理由を、ある程度説明してくれる。この意味でも、言葉を獲得していくことは、自身の住まう地域・時代の文化を学ぶことだ、ということが分かる。

第2節　領域「言葉」の特徴

1 領域「言葉」の特徴

　保育の内容を、乳幼児の発達の側面から仕分けたものが5領域である。

しかし、言葉に関連したものであれば、すべて領域「言葉」に含まれるかといえば、必ずしもそうではない。当然ながら、子どもが経験しない方が望ましい言葉、保育者が指導すべきではない言葉もある。例えば、「暴言」は保育の世界においては、絶対にない方が良い。また差別用語も、保育者は、使用することを厳に慎まなければならない。

　言葉は、文化を共有する人々の共通財である。したがって、自身がいなくなったとしても、言葉自体がなくなるわけではない。言葉は、子どもとは独立した外の世界に存在している。しかし子どもは、その言葉に触れ、言葉を自分自身のものとし、コミュニケーション・ツールとして駆使することで、言葉を、自身がより良く生きるための道具とすることができる。このような意味において、言葉に関する保育内容の範囲となっているのが、「言葉」という領域である。

2　乳幼児の言葉

　言葉には、意味がある。つまり言葉は、ことがらそのものではなく、ことがらを指し示す記号である。その事柄は、必ずしも現実に存在するものとは限らない。例えば、物語にしばしば登場する竜は実在しない。しかし、竜という言葉で、私たちは、その意味を了解することができる。

　そもそも子どもは、必ずしも現実をリアルに語るとは限らない存在である。子どもは大人よりも、いっそう夢想的に生きている。子どもたちは、サンタクロースの存在を信じている。子どもの夢は「夢」として、大事に取り扱われるべきであろう。現実ではない点では共通しているものの、夢と虚偽とは、まるで意味が違う。言葉における虚偽（ウソ）、空想、夢想を、保育者がどのように見きわめ、位置づけるかが重要である。

　大人が提供する物語には、それなりの意味、意図がこめられている。それが道徳的な内容であったりすることも多く、通常は、反社会的な内容・結末は排除される傾向にある。例えば、「不正が通るのが世の常だ、それが当り前だ」と、物語は、決して教えたりはしない。それは物語が

一種の虚構の世界ではあっても、子どもたちに理想、理念というものを示しているからである。物語は、大人の願い、理想が込められている。

　生活の中で、人間は、自分自身の言葉の仕組みについて意識することは少ない。私たちが、日本語を文法も意識せずに話すことができるのは、文法が最初にあるからではなく、使用されている言葉を法則化したものが文法だからである。これを取り違えてはならない。

　言葉には、三重の区分ができる。①知識を言葉で表すこと、②感情を言葉で示すこと、③自分の意志を言葉で明らかにすること、である。

　例えば、自身が納得してないのに強制的に語らせられる場合に、自身の言葉と気持ちとの間に乖離(かいり)が起こる。自身が心から同意して語る場合もあれば、必ずしも同意しておらずに語る場合もある。

　しかしそもそも、言葉の本来の意義は、自分の意思を相手、また第三者に伝達することであり、他者の意思を理解することである。言葉は、社会生活を円滑に営むための重要な手段である。

3　人間性育成に資する言葉の保育

　非常におしゃべりで物知りの子どもが、人に優しいとは限らない。逆に言葉数が少なく、人見知りをする子どもの方が、かえって優しいことも十分にありうることである。言葉の巧みさは、人間性と直ちにイコールで結びつけてはならない。「巧言令色鮮し仁(こうげんれいしょくすくなしじん)」とは孔子（紀元前552-479）の言である。多弁、如才のなさ、洗練と評されるような言葉、それは、言葉のいわば外面、技術的な面しか指し示していない。

　ただし、自身が表現しようとすることがうまく言えないとすれば、表現手段として十分ではない。自身の思いが自由に伝えられ、また、他者の述べることが十分理解できるようになれば、それは自身が世の中を自由に生きていく手段として、子どもが言葉を修得したということになる。

　しかし、子どもたちも、強制されていると感ずるときには、本当のことが言いにくくなる。

乳幼児の言葉は、純粋無邪気であることから、内面を直接に映し出すものである。遠慮なく本心をさらすのが子どもというものである。もちろん人の外観などに関する差別的な表現など、人を傷つける言葉については、子どもに対して注意を促すことがぜひ必要である。
　しかし先にも述べたように、上からの強制力があまりに強く働くと、今度は子どもは自分の本心を言わなくなる。いわば悪い意味で、保育者に気を遣い始めることがあるとすれば、それは注意信号にほかならない。一般的には、発達が進み年齢が重なるほど、言葉の表面と人間の内面が乖離していく傾向にある。つまり年齢が重なると、言葉だけでは、その人の本心が見えにくくなってくる。
　特に幼児期にあっては、子どもの言葉は、直接的な心の表現なので、その言葉を受け止めれば、言葉を通じて、その子どもに人間性がどれだけ育っているかを確認することができる。この意味で、言葉は、人間性が育っているかどうかの試金石である。このことから、保育内容として「言葉」の領域が設けられている意義は、まことに大きい。

第3節　領域「言葉」をめぐって

1　「言葉」と他の領域の関係

　子どもたちが協働でつくり上げる砂山づくりの遊びは、「5領域」のいずれの視点からも捉えていくことができる。子どもたちが身体を動かし、友達と協力し、自然対象と関わり、言葉を発し、表現活動を行うことで、子どもたちは、ある意味、総合的な経験をしていることになる。
　では「言葉」という領域は、他の領域（健康・人間関係・環境・表現）とは、どのような関連を持っているのであろうか。実は「言葉」の領域は、他の領域とは必ずしも並列に置ききれない意義をもっている。

というのは、子どもたちは、基本的に言葉というツールを用いて他者と関わり、自己の体験を深めているからである。このツールがじょうずに駆使できれば、子ども自身の経験の大半が、より実りが多く、深いものになることができる。「言葉」という領域は、言葉に関する経験を重ねるといった点からは、他の領域と併置される。しかし、5領域に関する経験が、すべて言葉と深く関連性をもっており、この言葉により他の領域で想定されている経験も深まるものだ、という見方からすれば、他の領域よりも、一段高い位置にあると考えることもできる。

2　「言葉」の保育のために

　人間が言葉を発する時期は、約1歳だと言われる。個人差は大きい。しかし、そこから言葉の発達が始まるのではない。その前に子どもは、母親をはじめとしたいろいろな大人の言葉、音を聞いて育っていく。子どもの中に直観印象がたくわえられる。その印象が蓄積されていくと、やがて堰(せき)を切ったように言葉が流れ出てくる。こうして言葉が生まれると、現実に存在しているものの表現、また、現実的には存在していないもの、抽象的なものなどの表現にまで、立ち至るようになる。

　子どもは、言葉をじょうずに使いこなせば使いこなすほど、ますます経験を深め、仲間とも円滑な関係を築くことができるようになる。しかし、大人本意の言葉の練習が先行すると、子どもは意味のない言葉——単に直観印象を欠いた音——を発するようになる。これでは、言葉が自身の道具になったとは言い難い。

　コミュニケーションの基本は、挨拶などを含めた、社会の中で取り決められた言葉を身につけることから始まる。この意味で、言葉には自由度は少なく、制限もある。就学後の多くのトラブルの出発点が、場面に応じて「ごめんなさい」「ありがとう」と言えないことにある。適切な挨拶、マナーにかなった言葉は、人間関係を構築する上での必須の有効な道具である。

言葉は、大人からおりてくるものではあるが、子ども自身が生み出す言葉の文化もある。子ども独自の言葉、はやり言葉、つくり言葉は、彼らをつなぐコミュニケーション・ツールとして、生き生きと生活の中で立ち現れてくる。

　話し言葉、会話に対して、文字、読み書きには独自の意味がある。話し言葉は、音声・発話によって成り立つから、対話する相手がそこにいないと、会話は成立しない。しかし文字を書くことで、人間は、いわば時空を超えていくことができる。辞書さえ引くことができれば、私たちは古代人が書き残した意思さえも、知ることが可能となる。

　昨今、英語教育の小学校導入に伴い、保育界でも英語教育に力を入れる施設が登場している。しかし母国語の使用が未熟な子どもに対する、早期の外国語教育には慎重であって欲しい。

　幼児期という時間は、無限ではない。したがって、言葉の養成の観点から、乳幼児期にどの経験が最も効果的で、意味があるのかを知らねばならない。幼稚園教育要領などの概要を知ることが基本であるが、現実に目の前にいる子どもたちの実情を把握する必要がある。表面的な、技術だけの言葉教育は、かえって有害であることを認識すべきであろう。

　現代社会には、多くの言葉の問題が潜（ひそ）んでいる。コミュニケーション不足の連鎖が人間関係の不信を招き、それが国際社会の紛争の発端ともなっている。わが国でも、言葉によるいじめや、正しい言葉遣（づか）いが時代と共に失われていく傾向など、看過（かんか）できない問題が山積している。保育者も、それとは無関係ではありえない。領域「言葉」の視野から、私たちは、これらの問題に真摯（しんし）に取り組んでいきたいものである。

【参考文献】
　岡本夏木『子どもとことば』岩波書店、1982年
　（内閣府・文部科学省・厚生労働省）『平成29年告示・幼稚園教育要領・保育所保育指針・幼保連携型認定こども園教育・保育要領』　チャイルド本社、2017年
　谷田貝公昭編集代表『新版 保育用語辞典』一藝社、2016年

（大沢　裕）

第2章 領域「言葉」の概要

第1節　領域「言葉」とは何か

1　領域とは

　幼稚園の生活は、幼児の遊びに始まり、遊びを中心に1日を過ごしている。幼児期の子どもは自分の興味や関心を基に、自分から環境に関わり活動や遊びに取り組んでいる。その中でさまざまな体験を通して、知識や技能を習得している。

　幼稚園教育要領第1第1節「幼稚園教育の基本」の冒頭には「幼児期の特性を踏まえ、環境を通して行うものであること」と示されている。「環境」とは、例えば園庭の遊具や用具、いろいろな素材類などの身の回りのもの、保育者や友達等の人、また園やクラスの雰囲気、季節などの自然が織りなす事柄等、幼児を取り巻くすべての事象が考えられる。

　また、幼児期の生活は遊びそのものであり、その中には幼児の発達や成長に必要な体験がたくさん含まれている。幼児が主体的に環境に関わり、身体を十分に使い、友達や保育者とさまざまな経験を共有することで身体的、精神的、情緒的に発達し成長していく。そして、幼児の心身の発達に必要な経験が相互に関連し合い成長していくことからも、遊びを通して総合的な指導をすることの重要性が示されている。

　第3節で詳しく述べるが、特に幼児期の生活、遊びを通して生涯にわたる生きる力の基礎を培う資質・能力を、一体的に育むように努めなければならないことが示された。（2017［平成29］年改訂「保育所保育指針」

第1章 総則4、「幼稚園教育要領」第1章総則第2、「幼保連携型認定こども園教育・保育要領」第1章第1の3)

「領域」とは、幼児が生きる力の基礎を育むための資質・能力を身につけ、心身ともに調和のとれた発達ために、園における具体的な活動や遊びの内容を示したものでる。発達の側面から「健康」「人間関係」「環境」「言葉」「表現」の5つの領域に分けられている。小学校等の教科目の学習と異なり、これらの領域を窓口として、幼児の活動や遊びを総合的に指導したり、環境を構成したりする。幼児の活動や遊びは、1つの領域に限られたものではなく、いくつかの領域が絡み合い、相互にあるいは同時に関連をもちながら発達を促していることを再度確認しておきたい。

2 領域「言葉」と他領域間の関係

幼児の「おはよう」から始まる園の1日。岡本夏木（1982～2009）は「ことばはいうまでもなく音声を用いた人とのやりとりである」、さらに「ことばの使用以前に人びととのゆたかに交わり、感情をかわしあい、たがいに経験をわかちあうことができる発達が前提になる」と述べている。

人とのコミュニケーションになくてはならないものが言葉であり、言葉は幼児が生まれてから、周囲の多くの人との関わりを通して、また、さまざまな経験を共有しながら獲得されていく。つまり言葉は、幼児の発達から生み出されているともと言える。乳児期の模倣から始まり、一語文、次第に自分の気持ちや、してほしいことを表す言葉、自分が考えたことを伝える言葉、自分の行動をコントロールする言葉等へと、大きく変化し増えていく。乳幼児期の言葉の獲得を豊かに育くむことを目指して設けられた保育内容が、領域「言葉」といえるだろう。

前述のように、幼児の活動や遊びは領域で区分されて指導されるものではない。幼児教育の特性である、幼児自らが環境に関わり、保育者の援助を受けながら総合的に指導がなされる。

例えば、右の写真の場面をイメージしてみよう。仲よし数人が集まってくる《人間関係》、スコップやバケツ、手でそれぞれに砂を掘り出す《環境》、そのうち「あな、ほったぞ！」「こっちはやまができたよ！」「みずいれよっか？！」等、意見を言ったり、相談したり《言葉・表現》、わいわい楽しそうに、にぎやかに進む。そのうち、「いれて！」「いいよ！」友達が増えてダイナミックな砂場の活動に変化する。もちろん、元気に遊ぶためには《健康》は基礎になる。

砂場で遊んでいる子ども達
（筆者提供）

このように幼児の活動には、各領域が関連しており、関わる保育者の指導は総合的なものである。しかし、幼児の言葉の発達には、言葉として表出されたもののみではなく、言葉にはならない表情やしぐさなどでも自分の思いを表現していることもあるので気を付けなければならない。

第2節　領域「言葉」のねらいと内容

1　幼稚園 ──「幼稚園教育要領」では

　幼稚園では日々の教育活動の実践にあたり、幼稚園教育要領において教育課程の基準を定めている。幼稚園の教育課程に基づいて指導計画を作成し、幼児の活動に沿った指導を行う。
　2017（平成29年）3月に告示された「幼稚園教育要領」第1章「総則」第4の3「指導計画の作成上の留意事項」の（3）では、「言語に関する能力の発達と思考力等の発達が関連していることを踏まえ、幼稚園生活全体を通して幼児の発達を踏まえた言語環境を整え、言語活動の充実を図ること」と示されている。このように、「言葉」は、5領域の中で最も領域

全体と関わる、総合的で重要な領域であると考えられる。幼児期の言葉は、さまざまな人との関わりを持つことにより、言葉の種類や語彙が増える時期である。獲得されたいろいろな言葉を表現し、思いを共有し合い活動が促されるというように、言葉の働きや役割は大切になってくるのである。そこで、領域「言葉」では「経験したことや考えたことなどを自分なりの言葉で表現し、相手の話す言葉を聞こうとする意欲や態度を育て、言葉に対する感覚や言葉で表現する力を養う」ことを目標としている。

(1) ねらいについて

領域「言葉」のねらいは、以下である。

> (1) 自分の気持ちを言葉で表現する楽しさを味わう。
> (2) 人の言葉や話などをよく聞き、自分の経験したことや考えたことを話し、伝え合う喜びを味わう。
> (3) 日常生活に必要な言葉が分かるようになるとともに、絵本や物語などに親しみ、言葉に対する感覚を豊かにし、先生や友達と心を通わせる。

幼児は、園生活を含めた自分の関わる生活すべての中で、興味・関心に基づいて言葉を獲得していく。自分なりの言葉で気持ちや考えを伝えたときに友達や保育者等の相手に伝わり、共感できた体験は喜びとなり、次の活動への意欲となって、たくわえられていく。さらにはその後の人間関係の形成にも大きな影響を与える。

しかし、幼児期はまだまだ言葉を獲得している最中であり、全てが自分の思うようにうまく伝えられないこともあるため、保育者は幼児の気持ちに寄り添いながら、内面に潜んでいる言葉や芽生えつつある言葉をじっくりと引き出す工夫が必要である。一人一人の幼児の発達に見通しを持って、関わることが重要となる。それには、幼児にとって身近な絵本や物語等を活用し、言葉の楽しさなどを表現するきっかけを創ることが有効である。

(2) 内容について

内容とは、領域「言葉」のねらいを達成するために、保育者が総合的に指導する事項である。

> (1) 先生や友達の言葉や話に興味や関心を持ち、親しみを持って聞いたり、話したりする。
> (2) したり、見たり、聞いたり、感じたり、考えたりなどしたことを自分なりに言葉で表現する。
> (3) したいこと、してほしいことを言葉で表現したり、分からないことを尋ねたりする。
> (4) 人の話を注意して聞き、相手に分かるように話す。
> (5) 生活の中で必要な言葉が分かり、使う。
> (6) 親しみをもって日常の挨拶をする。
> (7) 生活の中で言葉の楽しさや美しさに気付く。
> (8) いろいろな体験を通じてイメージや言葉を豊かにする。
> (9) 絵本や物語などに親しみ、興味をもって聞き、想像する楽しさを味わう。
> (10) 日常生活の中で、文字などで伝える楽しさを味わう。

これまで（2008［平成20］年「幼稚園教育要領」）の内容から変更になった項目は見られないが、幼児が普段の生活の中で先生や友達と一緒にさまざまな経験をしながら、言葉に対する感覚を養い、言葉を表現する楽しさや伝わる楽しさを育むことの重要性が示されている。

(3) 内容の取り扱いについて

領域「言葉」に示された内容を実践する場合の留意事項を、**図表2-2**に示した。幼児の言葉を豊かに育む保育者としての役割や環境構成等が記されているので、必読してほしい。

言葉はそれのみで発達することはない。幼児を取り巻く周りの大人、身近な保育者や友達等の関わりである人間関係を基としている。園での遊びやさまざまな活動を通し、体験を積み重ねながら感動や感情を自分なりの言葉で伝えようとする。また、保育者や友達との言葉のやり取りからいろいろな表現に触れる。人との関わりの中で、言葉のシャワーをたくさん浴びながら育つ。個人差の大きい幼児期であるからこそ、安心してのびのびと話すことのできる環境を構成したり、保育者が心を傾け幼児の思いに共感したりすることが大事である。

そして、幼児どうしでは思いが伝わらず、いざこざになることも多く見られるが、状況に応じて保育者が仲立ちしたり、言葉を付け加えたり、思いを聴き取り、代弁することも必要である。

図表2-1　乳児保育に関するねらいと内容から

	乳児保育
参照	保育所保育指針参照 幼保連携型認定こども園教育・保育要領
視点	身体的発達に関する視点 社会的発達に関する視点→イ「身近な人と気持ちが通じ合う」 精神的発達に関する視点
目標	受容的・応答的な関わりの下で、何かを伝えようとする意欲や身近な大人との信頼関係を育て、人と関わる力の基盤を培う。
ねらい	①安心できる関係の下で、身近な人と共に過ごす喜びを感じる。 ②体の動きや表情、発声等により、保育士等と気持ちを通わせようとする。 ③身近な人と親しみ、関わりを深め、愛情や信頼感が芽生える。
内容	①子どもからの働き掛けを踏まえた、応答的なふれあいや言葉がけによって、欲求が満たされ、安定感をもって過ごす。 ②体の動きや表情、発声、喃語等を優しく受け止めてもらい、保育士等とのやり取りを楽しむ。 ③生活や遊びの中で、自分の身近な人の存在に気付き、親しみの気持ちを表す。 ④保育士等による語りかけや歌いかけ、発声や喃語等への応答を通じて、言葉の理解や発語の意欲が育つ。 ⑤温かく、受容的な関わりを通じて、自分を肯定する気持ちが芽生える。
内容の取扱い	②身近な人に親しみをもって接し、自分の感情などを表し、それに相手が応答する言葉を聞くことを通して、次第に言葉が獲得されていくことを考慮して、楽しい雰囲気の中での保育士等との関わり合いを大切にし、ゆっくりと優しく話しかけるなど、積極的に言葉のやり取りを楽しむことができるようにすること。

注：言葉に関する事項を抜粋し、下線は筆者加筆による。　（筆者作成）

図表2-2　1歳以上3歳未満児、および3歳以上児言葉の保育に関するねらいと内容

	1歳以上3歳未満児	3歳以上児
参照	保育所保育指針 幼保連携型認定こども園教育・保育要領	幼稚園教育要領 保育所保育指針では幼稚園教育要領に準ずる 幼保連携型認定こども園教育・保育要領
目標	経験したことや考えたことなどを自分なりの言葉で表現し、相手の話す言葉を聞こうとする意欲や態度を育て、言葉に対する感覚や言葉で表現する力を養う。	経験したことや考えたことなどを自分なりの言葉で表現し、相手の話す言葉を聞こうとする意欲や態度を育て、言葉に対する感覚や言葉で表現する力を養う。
ねらい	①言葉遊びや言葉で表現する楽しさを感じる。 ②人の言葉や話などを聞き、自分でも思ったことを伝えようとする。 ③絵本や物語等に親しむと共に、言葉のやり取りを通じて身近な人と気持ちを通わせる。	(1)自分の気持ちを言葉で表現する楽しさを味わう。 (2)人の言葉や話などをよく聞き、自分の経験したことや考えたことを話し、伝え合う喜びを味わう。 (3)日常生活に必要な言葉が分かるようになるとともに、絵本や物語などに親しみ、言葉に対する感覚を豊かにし、先生や友達と心を通わせる。
内容	①保育士等の応答的な関わりや話しかけにより、自ら言葉を使おうとする。 ②生活に必要な簡単な言葉に気付き、聞き分ける。 ③親しみをもって日常の挨拶に応じる。 ④絵本や紙芝居を楽しみ、簡単な言葉を繰り返したり、模倣をしたりして遊ぶ。 ⑤保育士等とごっこ遊びをする中で、言葉のやり取りを楽しむ。 ⑥保育士等を仲立ちとして、生活や遊びの中で友達との言葉のやり取りを楽しむ。 ⑦保育士等や友達の言葉や話に興味や関心をもって、聞いたり、話したりする。	(1)先生や友達の言葉や話に興味や関心をもち、親しみをもって聞いたり、話したりする。 (2)したり、見たり、聞いたり、感じたり、考えたりなどしたことを自分なりに言葉で表現する。 (3)したいこと、してほしいことを言葉で表現したり、分からないことを尋ねたりする。 (4)人の話を注意して聞き、相手に分かるように話す。 (5)生活の中で必要な言葉が分かり、使う。 (6)親しみをもって日常の挨拶をする。 (7)生活の中で言葉の楽しさや美しさに気付く。 (8)いろいろな体験を通じてイメージや言葉を豊かにする。 (9)絵本や物語などに親しみ、興味をもって聞き、想像する楽しさを味わう。 (10)日常生活の中で、文字などで伝える楽しさを味わう。
内容の取扱い	①身近な人に親しみをもって接し、自分の感情などを伝え、それに相手が応答し、その言葉を聞くことを通して、次第に言葉が獲得されていくものであることを考慮して、楽しい雰囲気の中で保育士等との言葉のやり取りができるようにすること。 ②子どもが自分の思いを言葉で伝えるとともに、他の子どもの話などを聞くことを通して、次第に話を理解し、言葉による伝え合いができるよう、気持ちや経験の言語化を行うことを援助するなど、子ども同士の関わりの仲立ちを行うようにすること。 ③この時期は、片言から、二語文、ごっこ遊びでのやり取りができる程度へと、大きく言葉の習得が進む時期であることから、それぞれの子どもの発達の状況に応じて、遊びや関わりの工夫など、保育の内容を適切に展開することが必要であること。	(1)身近な人に親しみをもって接し、自分の感情などを伝え、それに相手が応答し、その言葉を聞くことを通して、次第に言葉が獲得されていくものであることを考慮して、幼児が教師や他の幼児と関わることにより心を動かされるような体験をし、言葉を交わす喜びを味わえるようにすること。 (2)幼児が自分の思いを言葉で伝えるとともに、教師や他の幼児などの話を興味をもって注意して聞くことを通して次第に話を理解するようになっていき、言葉による伝え合いができるようにすること。 (3)絵本や物語などで、その内容と自分の経験とを結び付けたり、想像を巡らせたりするなど、楽しみを十分に味わうことによって、次第に豊かなイメージを持ち、言葉に対する感覚が養われるようにすること。 (4)幼児が生活の中で、言葉の響きやリズム、新しい言葉や表現などに触れ、これらを使う楽しさをあじわえるようにすること。その際、絵本や物語に親しんだり、言葉遊びなどをしたりすることを通して、言葉が豊かになるようにすること。 (5)幼児が日常生活の中で、文字などを使いながら思ったことや考えたことを伝える喜びや楽しさを味わい、文字に対する興味や関心をもつようにすること。

注：表記おいては、「保育所保育指針」は「子ども／保育士」、「幼稚園教育要領」は「幼児／先生」、「幼保連携型認定こども園」は「園児／保育教諭」。　（筆者作成）

このように、幼児の言葉は、生活の中で他者との応答的な関わりを通して獲得され、次第に注意深く聞くことを通して理解し、体験を共有することで伝え合うようになる。そして、伝え合う楽しさや喜びの言葉を文字として発展させていく。幼児が新しい言葉や表現に出会い、積極的に使う楽しさや言葉が豊かになるためには、保育者自身が言葉の世界を楽しみ豊かにして、関わっていきたいものである。

2 保育所 ──「保育所保育指針」では

　保育所の言葉に関する目標は、「保育所保育指針」第1章「総則」1の「(2) 保育の目標（オ）」で「生活の中で、言葉への興味や関心を育て、話したり、聞いたり、相手の話を理解しようとするなど、言葉の豊かさを養うこと」と示している。

　また、第2章「保育の内容」では育みたい資質・能力を保育所の生活や遊びの中で一体的に実践するように、幼児期の発達の特徴や道筋に応じて、以下の3つの時期の中で具体的に記し、言葉についても示されている（前ページの**図表2-1**および**図表2-2**を参照）。

　　①乳児保育に関わるねらい及び内容……（**図表2-1**）
　　②1歳以上3歳未満児の保育に関わるねらい及び内容……（**図表2-2**）
　　③3歳以上児の保育に関わるねらい及び内容……（同上）

3 幼保連携型認定こども園
──「幼保連携型認定こども園教育・保育要領」では

　幼保連携型認定こども園では、0歳から小学校就学前までの一貫した教育及び保育を園児の発達や学びの連続性を考慮して展開されている。保育のねらいと内容を、園児の発達の側面から、3つの視点と5つの領域として示しており、それらは幼稚園教育要領、保育所保育指針に準じている。また領域「言葉」に関しても同様の扱いになっている。

第3節 改訂のポイント

　2017（平成29）年3月31日に「幼稚園教育要領」「保育所保育指針」「幼保連携型認定こども園教育・保育要領」が同時に告示された。領域「言葉」に関して保育内容の改訂は多くはないものの、内容をいっそう深く読み取る必要がある。共通の事項には保育所も幼児教育を行う施設と位置づけられ、3歳以上児は幼児教育として同じ方向性を持った。また、育ってほしい資質・能力が示され、それらは「幼児期の終わりまでに育ってほしい姿」として、具体的な姿が明確になった（**図表2-3**）。

　これら10の要素は個別に取り出されて指導するのではなく、ねらい及び内容に基づき活動全体を通して育まれることの留意が付されている。

図表2-3 生きる力の基礎（幼児期）

資質・能力

知識及び技能の基礎	思考力・判断力・表現力等の基礎	学びに向かう力、人間性等
豊かな体験を通じて感じたり気付いたり	気付いたり、できるようになったことなどを使い、考えたり、試したり、工夫したり、表現したり	心情、意欲、態度が育つ中で、よりよい生活を営もうとする

ねらい及び内容に基づく活動（発達の側面から5領域）

健康／人間関係／環境／言葉／表現

幼児期の終わりまでに育ってほしい

健康な心と体／自立心／協同性／道徳性・規範意識の芽生え／社会生活との関わり／思考力の芽生え／自然との関わり・生命尊重／数量や図形、標識や文字などへの関心・感覚／言葉による伝え合い／豊かな感性と表現

（筆者作成）

【参考文献】
岡本夏木『子どもとことば』岩波新書、1982年
岡本夏木『幼児期』岩波新書、2005年
厚生労働省「保育所保育指針」〈平成29年告示〉
内閣府・文部科学省・厚生労働省「幼保連携型認定こども園教育保育要領」〈平成29年告示〉
文部科学省「幼稚園教育要領」〈平成29年告示〉
中央説明会資料（幼稚園関係資料、保育所関係資料、幼保連携型認定こども園関係資料）、内閣府・文部科学省・厚生労働省、平成29（2017）年7月

（原子はるみ）

第3章 言葉をよりよく理解するために
―― 各学問の知見から ――

第1節 幼児語研究の歴史

　子どもの言葉には、どのような特徴があるのか、また、どのように言葉を習得するのか、また、子どもはなぜ言葉を習得できるのか、これらについては「幼児語」研究で主に取り組まれてきた課題である。

　1960年代までの幼児語研究では、子どもは「刺激-反応」-「強化子-強化」の繰り返しによって言葉を習得するといった行動主義的なアプローチによって研究されてきた。すなわち子どもは養育者の声かけ（強化子）など身近な言語入力（インプット）の模倣から言葉を習得するという過程を基本とし、言葉を習得する子どもは、受け身的な存在とされてきた。

　しかし、チョムスキー（N.Chomsky,1928～）は、子どもは生まれながらして言葉のルール（文法）を有しているという立場から、行動主義的なアプローチを否定した。つまり、子どもには生まれながら言語を習得する"装置"があって、外部からのインプットに合わせ柔軟に設定を行い、言語体系をつくり上げるという「生成変形文法」理論を主張した。これは、言語学研究に大きな影響を与え、幼児語の研究でも子どもの生得的な言葉の規則についての研究の進展にもつながったのである。さらに、ヴィゴツキー（L.Vigotsky,1896～1934）は、言葉の発達能力は、他者とのコミュニケーションによって促進されることという「社会認知論」を提唱した。

　近年では、言葉の発達には生得的な面と学習による面の双方が関係するという考えが一般的で、幼児自身の言葉、幼児を取り巻く言語的・社会的環境にも範囲を広げた研究がされている（小林、1997／岩立・小椋編、2005）。

第2節　国語学・言語学の領域から

1　コミュニケーション能力についての研究から

　子どもの使用する言葉は、成人の言葉に移行する段階的で、可変性のある体系である。成人と比べると、子どもの言葉は不完全で、未熟な体系ではあるが、無意味なものではない。短期間に大きく変化する体系といえる。習得過程の段階にある子ども達一人一人の持つ言葉の体系は、その独自の言葉の体系として位置づけられる。

　言語教育学では、学習者が習得しようとする言語を「目標言語」という。目標言語へと向かう子どもの大きな可変性を持つ言語体系が「幼児語」である。幼児語の研究では、乳幼児が主な調査対象である（前田、1992）。昨今では、人間の言語発達を幼児期から老年期まで包括的に捉える研究も多い（茂呂、2001／岩立・小椋編、2005）。

　言葉は、コミュニケーションのためのツールである。単純に単語や文法を習得することだけでは、本当に言葉を身につけたことにはならない。そこで、言葉を媒介としたコミュニケーション能力に不可欠なものとしては、次の（1）〜（4）を挙げることもできる（Canale & Swain,1980）。
　（1）単語や音声など言語体系に関わる文法能力
　（2）状況に合う適切な言葉を選択する社会言語能力
　（3）意思疎通ができない場合に対処する方略的能力
　（4）文と文を結び会話を構成する談話能力

　それでは、具体的な研究を概観しよう。

図表3-1　乳幼児の言葉の発達のプロセス

```
前言語期　…音韻知覚の発達、音声の習得
　クーイング(cooing)→喃語(babbling)：後期　ジャルゴン(jargon)の発現→初語(first word)の発現
　↓
言語産出のはじまり　…語彙・文法の習得
　1語文（one-word sentences）→2語文→3語文→多語文……
```

出典［真田、2013年］より

音声による言葉を母語とする子どもは、その習得について、**図3-1**のような発達のプロセスをたどる。「前言語期」は、言葉を生み出す準備期間として重要であり、この時期における乳児は母語音声とそれ以外を聞き分け、発声器官の発達とともに母語音声を発することが可能となる。
　「クーイング」(cooing) という言語音声の産出期間を経て生後7カ月頃には子音と母音で構成される喃語(babbling)時期を経て、10カ月から1歳前後には初語(first word)の産出が見られるようになる。そこから、初語から習得する単語（語彙）を増加させていく。以降、1語文での意思伝達、2語文、3語文、多語文へと言語形式の発達の段階を積み重ねていく。詳細については次章を参照されたい。
　なお、乳児の音の産出については、以下、5段階で示されている(Menn & Stoel-Gammon, 2001)。

　　第1段階　0～2カ月……生理的な音
　　第2段階　2～4カ月……クーイング、笑い声の産出
　　第3段階　4～6カ月……音遊び
　　第4段階　6カ月～　……喃語（1子音＋母音、複数の子音＋母音）の発現
　　第5段階　10カ月～　……イントネーションの発現（有意味語と無意味語）

2　習得語彙についての研究から

　生後10カ月の幼児は、自身で発言はできずとも養育者の発話を理解して反応することがある。例えば、握りしめている手から養育者へと物を渡すよう促すとき、「てって、ちょうだい」と言えば、幼児は養育者に手を差し出したり、手を開いたりするだろうし、「バイバイね」という養育者に対して幼児が手を振る、といった行為が見られる。
　このような幼児の言葉の理解は、やがて言葉の産出へと結びついていく。生後16～20カ月までに習得語彙は急増し(伊藤、2005)、24カ月には約300語にのぼるとされている。また幼児は、就学前までに3,000語の語彙を習得するという(岩立・小椋、2005)。

子どもは、習得した語彙数を増やすことで他者との意思疎通（そつう）ができるようになる。1語文から希望や命令といった意思を他者に伝えることからはじまり、18カ月から24カ月までに2語文、3語文と多語文が発現される。多語文については、文の語と語の働きや、語と語の順序や助詞の活用といった研究も注目されている。

3　言語心理学的な研究から

　3歳頃の幼児の言語能力について言語心理学的な側面で近年多く調査されている。国立国語研究所では、1967（昭和42）年から3カ年計画で読み書き能力調査を全国的な規模で行った。

　その結果によると、幼稚園児の多くは4歳代より何らかの方法でひらがなを習得しはじめている。また、就学前の幼児が習得するひらがなは「読み」では清音、撥音（はつおん）（ん）、濁音、半濁音（ぱ・ぴ・ぷ・ぺ・ぽ・ぴゃ・ぴゅ・ぴょ・ぴぇ）で71文字の範囲を超え、長音（ー）、拗音（ようおん）（ゃ、ゅ、ょ）、拗長音（ようちょうおん）（ゃあ、ゅう、ょう）、促音（っ）、助詞などの特殊音節の範囲にわたる。

　このようなひらがな習得を条件づける要因としては、幼児の活動の内容や年齢、性別のほか、幼稚園で教育を受ける年数の長さや家庭の諸条件といった外的条件のほか保育年数が挙げられる。そして、幼児が文字を知るきっかけは、テレビや絵本を中心として身辺の文字を確認することから始まり、アニメーションや特撮ものなどのテレビ番組などからカタカナを学習し、地名や人名を通じて漢字を学習しているという。

第3節　「子どもに向けられた発話」（CDS）について

　幼児語についての研究を概観してきたが、養育者が乳幼児に向けて「ねんねよ」などと発話する場合、それを「育児語」（ベビートーク[baby talk]）、もしくは「母親語」（マザリーズ[motherese]）という。

最近では、「誰が行う発話か」ではなく、「誰に向けて行われる発話か」に注目され、「子どもに向けられた発話」（Child-Directed Speech＝「CDS」）と一般的に呼ばれるようになった。

　CDSは、親ではない場合でも性別問わず行うことが確認されたため、人間が生得的に備えた能力であるといった仮説がある。乳児は生後すぐから、非母国語の音声に対するものより、母国語の音声に対して注意を向け、成人に対しての音声より乳児に対する音声に長く注意を向ける、という。また、対乳児音声のピッチ（音の高低）は全体に長く、変化しやすく、イントネーション（ピッチの種類）は強調される。発話速度はゆっくりであり、1発話あたりの語数は少ない。こうした特徴は文化圏が異なるさまざまな言語で確認されているため、養育者が属する文化や使用する言語に関わらず普遍的な特徴であるといえる。

　子どもに向けられる発話は、

　　（1）1つの発話あるいは文の長さが短い
　　（2）文法的表現を使う
　　（3）繰り返しが多い

といった特徴が挙げられる。乳幼児は注意力が散漫なため、言語情報を保持する能力も限定される。そのため、養育者は短文や単語を使い、繰り返すことで伝達をしていると考えられる。

　文の長さについて、子どもの発達とともに文の長さが増せば、その分だけ養育者の文の長さも増すという「敏感調整仮説」がある。しかしこれは、まだ研究として確証を得られてはいない。今後の研究に期待される。

　言語獲得期にある乳幼児に対し、養育者は、《語意》（言葉の意味）の理解について具体的な事物や事象と言語を結びつけて発話することが多い。これは、養育者が抽象的な事物や事象を言語と結びつけることが難しいことを知っているためである。養育者は、《語彙》については有用性の高いレベルの言葉（日常で使用頻度が高い語）を学ばせ、習得後は他のレベルの言葉も提示することが望ましいだろう。

第4節　多文化共生・多文化保育の観点から

　厚生労働省の統計（**図表3-2**）によると、日本における外国人の出生率は、年々増加している。

図表3-2　日本における外国人の人口動態　（単位：人）

国籍	出生率（母の国籍別）		
	総数	男	女
総数	17,039（＋5,669）	8,779（＋　519）	8,260（＋2,268）
韓国・北朝鮮	920（－2,929）	480（－1,474）	440（－1,498）
中国	7,274（＋4,940）	3,725（＋2,519）	3,549（＋2,421）
フィリピン	1,856（＋1,136）	982（＋　593）	874（＋　543）
タイ	123（－　255）	61（－　122）	62（－　133）
米国	276（＋　21）	143（＋　30）	133（＋　21）
英国	35（－　32）	14（－　25）	21（－　7）
ブラジル	1,647（－　403）	856（－　182）	791（＋　221）
ペルー	464（－　166）	238（－　76）	226（－　90）
その他の国	4,444（＋3,370）	2,280（＋1,738）	2,164（＋1,632）

〔注〕2016年と1996年（カッコ内）のデータをひとつにまとめている。　出典［厚生労働省、2016年］を基に筆者作成。

　日本における居住外国人どうしの結婚、日本人と外国人による国際婚も珍しくなくなった。必然的に、園で預かる子ども達の保護者が外国人ということも多くなる。20年前に比べ出生率も増加傾向にある。文化はもちろん、言葉に関する問題もますます増えることが想像できる。

　昨今では、「多文化共生」の観点からの教育学分野、言語学分野での研究も活発に行われている。一例として、日系ブラジル人の乳幼児が多く入所する保育所においてアンケートとインタビュー調査を挙げよう（品川、2011）。

　結果として「日常の保育」では、通訳が介在することで細部まで配慮した保育が実現できていること、など挙げている一方、日本人保育者たちの中には多様な考え方を持ち、「文化の保障」は必ずしも必要ではない、と考える者もいたという。

図表3-3に、「保育実践上の困難」を挙げる。日常の保育では、日本人保育者が日系ブラジル人の乳幼児を保育するうえで、最も感じていることとして「日本語が伝わらないこと」というコミュニケーション上の困難を挙げている。その割合はA園で100％、B園で77％、C園で64.7％と高いことに注目したい。

図表3-3　保育実践上の困難（％）

	A園	B園	C園
日本語伝わらず	100.0	77.8	64.7
食べ物の好み	78.6	77.8	64.7
集中できない	57.1	40.7	35.3
離乳の時期遅い	28.6	14.8	23.5

N＝A園：14、B園：27、C園：17
出典［品川、2011年］より

　今後、多文化が共生する日本社会において保育者に求められる資質、能力についても積極的に考えなくてはならない。

第5節　今後の展望

　以上のように、社会言語学、発達心理学の分野から幼児語研究、育児語多文化共生・保育について概観してきた。社会言語学研究からは、第一言語習得研究として問題点がいくつかあるので簡単に取り上げよう。

　まず、子ども達の言語習得はいつまで続くのか、についてである。これについて、現在までの研究では就学前の子どもを対象としたものが主であるが、成人になるまでどのような過程で言語を習得していくのか（敬語は成人になってからも習得が続く）、長期的な観察研究が待たれる。

　次に、子ども達が、誰からどのように言葉を習得するのか、についてである。テレビの言葉が子どもに影響を与えているという指摘がある（馬瀬、1981）。最近ではスマホの普及がめざましいが、それらは子どもの言葉にどのような影響を与えているのだろうか。また、養育者の言葉が子どもの言葉に大きく影響を与えていることは明らかではあるが、友達やきょうだい、保育者からも影響を受けているはずである。

　また、子どもは、地方と都市部とのイントネーションやアクセント、

語彙といった個々の方言と標準語についてどのように使い分け、習得するのかなど、まだ明らかにされていないことも多い。今後の言語発達分野の研究に期待したい。加えて異文化をバックグラウンドに持つ家庭が増える中で、保育における「言葉」の問題へのアプローチも、教育実践研究の分野を中心に求められるだろう。

【参考文献および引用文献】

伊藤克敏『ことばの習得と喪失——心理言語学への招待』勁草書房、2005年

岩立志津夫・小椋たみ子編『よくわかる言語発達』ミネルヴァ書房、2005年

厚生労働省「平成28年（2016）人口動態統計（確定数）の概況＜日本における外国人の人口動態＞」
http://www.mhlw.go.jp/toukei/saikin/hw/jinkou/kakutei16/dl/12_betsu.pdf
（2017年9月15日閲覧）

国立国語研究所『幼児のことば資料（1）～（6）』秀英出版、1981年-1983年

小林春美・佐々木正人編『子どもたちの言語獲得』大修館書店、1997年

真田信治『社会言語学の展望』くろしお出版、2013年

品川ひろみ「多文化保育における通訳の意義と課題——日系ブラジル人児童を中心として」『保育学研究』第49巻第2号、2011年、pp.108-122

前田富祺「児童のことば——研究の現状と展望」『日本語学』11-2、1992年、pp.20-27

馬瀬良雄「言語形成に及ぼすテレビおよび都市の言語の影響」『国語学』125、1981年、pp.1-19

茂呂雄二「ことばの発達と方言——心理学からのアプローチ」『月刊言語』30-11、2001年、大修館書店、pp.82-87

Canale, M. and M. Swain "Theoretical Bases of Communicative Approaches to Second Language Teaching and Testing," Applied Linguistics. 1 (1) 1980., pp.3-47.

Menn, L.& Stoel-Gammon Phonological development:learning sounds and sound patterns.In Gleason,J.B.（ed）. 2001.

（秋山 智美）

第4章 言葉の発達の概要

第1節 前言語期の言葉の発達（喃語を中心に）

1 言葉の前のことば

　子どもが、意味のある言葉（有意味語）を話すようになるのは、およそ1歳前後であるが、それ以前（前言語期）も、彼らは音声を発して意思表示している。ここでは前言語期の発声を習得する過程について整理する。

　なお「前言語期」とは、出生から有意味語を話すようになるまで、典型発達の場合およそ1歳までの時期を示す。

2 前言語期の発声習得過程

　前言語期に発声を習得する過程について、その特徴を記す。これらの月齢について、子どもによる個人差が多々あることは言うまでもない。

(1) 出生から生後1カ月頃

　生後1カ月頃までの子どもが発する声は泣いたり叫んだりするものがほとんどであり、多くは「不快状態」である。この中には生理的欲求が満たされないことへの反射も含まれており、それに対して養育者が世話をすることにより、「快状態」のときの発声につながっていく。

　この時期の子どもは明瞭な音声をつくるのが非常に難しい。大人は気管と食道の入口が喉にあるが、新生児は気管と食道が分離されている（図表4-1）。そのおかげで鼻で息を吸いながら母乳を飲み続けられるし、乳汁が誤って気管に入ることも防げる。一方で、口よりも鼻のほうに空

図表4-1　新生児と成人の喉の構造の違い

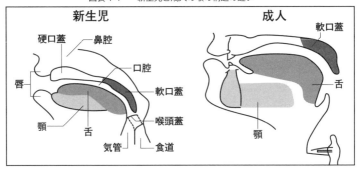

出典［正高、1993年］より

気が流れやすいため、声は鼻から抜けてしまい響きにくくなる。

(2) 生後2カ月から4カ月頃

　この時期は不快状態の発声に加え、発声自体を楽しむような場面も見受けられる。そして「アー」「ウー」などの「クーイング」（単音かつ母音のみで、舌を使わずに声を出すもの）がきかれる。これは、喉の周囲にある骨が成長し、喉の空間が広がることで声帯を震わせて声を出すことが可能になったことの証である。

　ちなみに、この頃から笑い声を出せるようになるが、それは言葉を話すための準備が整ったということができる。

(3) 生後4カ月から6カ月頃

　この頃は単音のみならず「アー・アー」など、一定のリズムやイントネーションをもった音節を発することができ、声の高さや長さなどを変えて繰り返し遊ぶようになる。いわばクーイングから喃語に移行する過渡期といえ、「子音＋母音」の構造が不明瞭な発声が現れる。

　この頃は、一度に息を吐ききるため長い声を出すことが難しいが、日々声を出すことによって息を切って出す感覚をつかんでいく。

(4) 生後6カ月から8カ月頃

　「子音＋母音」の複数の構造をもち、一音節の長さがおよそ成人の一音節に匹敵する、いわゆる「基準喃語」がきかれるようになる。「基準

喃語」は同じ喃語が繰り返されることから「反復喃語」とも呼ばれ、養育者はこの時期に子どもが「言葉」を話し始めたと感じることが多い。

　この頃の子どもは、養育者が発する声を聞き、口の動きを見つめて、それに近い音声を出そうと模倣することがある。こうした過程で声を出すための喉の筋肉と聴覚神経を「協応（複数の器官や機能が互いにかみ合ってはたらくこと）」するはたらきが発達している。

(5) 生後8カ月から12カ月

　徐々に反復喃語がなくなり、「バダ」「バブ」など音節を複雑に組み合わせ、ひと続きの音声を発するようになる。すなわち、非反復喃語といえ、「子音＋母音要素が異なる母音」の構造が現れる。こうした変化は、声帯などを自在に動かせるようになってきた証であり、個々の子ども特有の音声で特定の場面や動作に結び付いた発声がきかれるようになる。

　そしてこの頃になると、養育者と子どもの声が、動作と重なってコミュニケーションを図れるようになってくる。例として、子どもが物を落とすと養育者が「アーア」と言う。すると子どもが（「アーア」と言いたくて）物を落とし「アーア」と言って喜ぶ、といったことが挙げられる。

(6) 生後12カ月以降

　1歳頃、「マンマ」など特定の意味をもつ言葉（有意味語）を発するようになる。すなわち、ある特定の音声（「マンマ」ならば「マ」「ン」「マ」の3つの音の組み合わせ）が、どの人にとってもほぼ共通するものと結び付くことがわかり、意味をもった言葉になっていく。

　このように子どもたちは、養育者とのコミュニケーションをくり返しながら、

　　①音声を自分で認識できる「知的発達」
　　②言葉を発声できるだけの構音技術をもつ「運動発達」

が育まれ、わずか1年ほどの間に、反射的に泣くところから有意味語を発するところにまで発達していく。

第2節　話し言葉の視点から

1 一語文の獲得

(1) 一語文とは

有意味語を発することは、「一語文」を話せるようになったことを意味する。一語文とはひとつの単語から成る文であり、「ママ」「マンマ」「ワンワン」などが挙げられる。これは、ものを示す言葉の他、大人との応答（「ウン」など）、大人への要求（「ダッコ」など）といったふうに、用いられる場面も多様化していく。

(2) いろいろな意味をもつ

一語文を話しはじめた当初は、事物そのものを指すことが多いが、大人と同じ意味でその言語を用いているとは限らない。例えば、「ワンワン」という言葉が、①イヌ、②四足歩行する動物全般、③ある特定のイヌ（自宅にあるイヌのぬいぐるみなど）、など、子どもによって異なる意味づけをしている可能性があることに留意したい。

(3) 大切なのは「解釈」

この時期の子どもの言葉は、さまざまな意味機能で使われている。例えば、「マンマ」が「マンマが食べたい」や「マンマがあった」など多くの意味をもっており、彼らは限られた表現で多くの気持ちを伝えている。

そこで大切になるのが大人の解釈である。「これはマンマだね」や「マンマが欲しいのね」など、その子どもの限られた発話が何を意味しているか、豊かに解釈することが求められる。

このように、大人が子どもの言葉を解釈する際、発話と状況とを結び付けて子どもの意図や心情を推し測ろうとする。その解釈を子どもに応答することにより、次の発達段階で、どのようにそのことを表現したらよいか、子どもが学ぶきっかけになる。

2 二語文の獲得

(1) 二語文とは

1歳半以降、一語文と一語文を組み合わせて「ママ＋ダッコ（名詞＋動詞）」「オッキイ＋ワンワン（形容詞＋名詞）」などの「二語文」を話し始める。2歳前まで散発的にきかれるが、それ以降急速に増えていく。

二語文は、「誰が‐どうした」「誰の‐なに」などと、文法（語順）を獲得し始めるとともに、自分の思いを言葉で話すにはどのようにすればよいかを考える、いわば言葉を話すための発想の原点といえよう。

(2) 語彙数の増加

二語文が聞かれる頃、子どもの語彙数が増加するとりわけ、2歳から3歳頃の増加数は著しく（**図表4-2**）この時期を「言葉の爆発期」ともいう。

図表4-2 幼児が獲得する語彙数

年齢	年語彙数範囲	平均（概数）
1～2歳	186～395語	290語
2～3歳	886～1066語	980語
3～4歳	1540～1675語	1600語
4～5歳	2050～2386語	2200語
5～6歳	2289～3182語	2700語

出典［坂野・天野、1976年］より

この頃、ものにはすべて名前があることに気づき、「これ、なぁに」などと身近にあるものの名前を尋ねる様子もみられる。また、現実にはない物事を他のものに置き換えて表現するはたらきをもつ「象徴機能」の形成も語彙数の増加につながっているといえる。例えば、イメージしたもの（電車）を道具（積み木やブロックなど）や動作（肘を曲げて動かし、連接している様子など）で表すことが象徴機能のひとつである。

3 3歳以上の子どもの言葉の発達

3歳頃になると自分の欲求や意図、経験、周囲の状況などを「多語文」（名詞と動詞と、それ以外の言葉を用いた文）で話せるようになる。同時に、事物や行動を分かりやすい説明で理解したいという知的好奇心の拡大によって、大人に質問することが多くなってくる。この時期、子どもから

「なに？」「どうして？」といったような尋ねが多くなるが、それに大人がきちんと応えることで、子どもの語彙数が増えるだけでなく、疑問を解決する楽しさや新しいことを知る喜びを育むことができる。

なお、他者と日常的なコミュニケーションを成立させるための基本的な単語、文法規則、表現（慣用的な言い回し）は、おおむね4〜5歳頃までに経験的に習得することになる。

この時期の子どもが聞く大人の言葉は、必ずしも文法的に完全なものばかりではない。例えば、母親が子どもに「ダメ、そんなことしちゃ」と言う場面は容易に想像できる。これは決して正しい文法とは言えないが、こういった会話はしばしばきかれるものである。

しかし、5歳頃まで一定量の会話がある生活環境で育てられれば、話し言葉に関しては特別な勉強をしなくても習得できるといえる。

第3節 読み言葉の視点から

1 文字を読むということ

以前ある子どもが、「あのさ、"よしもとばなな"ってどんなバナナ？まるいの？」と尋ねてきたことがある。新聞の文字を読んだのだ。聞きなれない「バナナ」が出てきて、自分がイメージできるバナナとは異なるものであろうと思い、丸いものではないかと想像したのだろう。

彼は当時5歳、ひらがなは読め、自分の名前を書くことができた。しかし、単に「文字が読める」というだけで何を表しているか分からなければ、生活するうえで何ら役立たないということを彼は教えてくれたのである。

文字を読む際には、文字が「何かを表すものだ」と気づくとともに、それが表す具体的な事物をイメージできることが大切である。

2 文字への興味、関心

　子どもが文字に興味を示すのには個人差があるとされるが、総じて低年齢化が進んでおり、3歳くらいの子どもも、少なからず文字に興味を示し、読むことができるようになっているとされている。

　一般には、5歳頃から日常生活の中で文字や記号に興味、関心を示し、自分の名前や簡単なひらがなを読んだり書いたりできるようになる。日々の保育活動において、少し難しい歌をうたうときに保育者が書いた歌詞を読んだり、お店屋さんごっこでメニューを提示したいと思って「ぱふぇ」と書いたりする経験を通し、子どもたちは文字を読み書きする力を習得していく。すなわちこのことは、子ども自身が日常生活の中で文字の存在とその価値を感じとっている証といえるだろう。

　何にせよ、子どもが文字に興味や関心をもてるようにするには、生活を通して自ら環境の中から取り入れていけるようにしたい。そのため、保育環境を常に整え、文字環境が目につきやすいようにしておく。

3 文字を読むために大切な力

　3歳頃の文字に対する認識は、絵などのようにひとかたまりのものとして捉えており、一つひとつの文字を理解してはいない。養育者が「"パ・ン"って書いてある」などと一文字ずつ区切って読むことにより、言葉が音節から成り立ち、文字と音節が対応していることに気づいていく。

　4～5歳頃になると、一つひとつの文字を音声で識別しながら捉えられるようになる。絵本の文字を拾い読みしたり、「り」という文字が「りす」にも「りんご」にも出てくることを理解していったりして、語句の意味を理解して適切に区切って読めるようになっていく。

　なお、文字を読むためには、①文字を順番に追い、正確に形を捉える、②一つひとつの音に変換する、という処理が必要となる。この処理が連続させることができると、流暢に文字を読むことができるようになる。

4　文字を書くこと

　多くの場合、書き言葉は、書くことよりも読むことのほうが先にできるようになる。3歳頃、子どもは文字を書くまねをするようになり、遊びの中であたかも読み書き能力を有しているかのようにふるまうようになる(「プレリテラシー」という)。5歳頃には文字が読めるようになるにつれて書くようになり、遊びの中ですすんで文字を取り入れるようになる。

　この頃は、目と手の協応が十分ではないため、左右の位置感覚が混乱して間違えてしまうことがある。いわゆる「鏡文字」(上下はそのままで左右を反転させた文字)などであるが、幼児期は文字を書きたいという意欲をもたせ、遊びの中で文字を必要とするようなことを提示していく。

5　文字を書くために大切な力

　先の通り、幼児期は、文字を書くことへの意欲をもたせることを大切にしたいが、あえて文字を書くために大切なことを整理しておく。

　文字を書くうえで大切なのは「手の操作」や「安定した姿勢」などである。中でも大切なのは「手の操作」であり、文字をくり返し書くことで「しっかり書けているか」という感覚をつかんでいく。子どもたちは紙に鉛筆などで書く際の摩擦の程度を無意識に判断し、微調整している。そのため、摩擦が起こりにくいタブレットなどに書いたときは微調整がうまくできないため、ふだんの文字よりも崩れがちになるのである。

【引用・参考文献】
加藤寿宏監修『乳幼児期の感覚統合遊び——保育士と作業療法士のコラボレーション』クリエイツかもがわ、2016年
坂野登・天野清『言語心理学』新読書社、1976年
正高信男『0歳児がことばを獲得するとき——行動学からのアプローチ』中公新書、1993年

(林　典子)

第5章 自己表現・コミュニケーションツールとしての言葉

第1節 言葉の機能について

1 自己表現するための言葉

　言葉にはさまざまな機能がある。自己表現の手段、コミュニケーションの手段、認知の手段、思考の手段、行動をコントロールする、などである。
　例えば自己表現は、言葉がないとできないわけではない。まだ言葉が話せない0歳児クラスの子ども達を見ると、さまざまな声や表情、動作などによって自己表現をしていることが分かる。機嫌が良いとき、遊びながら、「アゥアゥアゥ」とか「バァバァバァ」「ダダダダ」などの声を出している。ニコニコしている表情から察すると"快の"状態なのであろうことは分かる。逆に、体をそらせ、大きな声で、涙を流して泣いている姿を見て、"不快"なのだろうということは誰にでも察することができる。
　しかし、なぜ泣いているのかを正確に知ることは難しい。どこかが痛いのか、空腹なのか、オムツが汚れているのか、眠いのか、人見知りをしているのか、不快の理由を知るためには前後の状況から想像しなくてはならない。泣き止まない赤ちゃんを前にして、言葉で「どうして欲しいのか」伝えてくれたらどんなに簡単だろうかと思う。
　「マンマ」など1語でも言葉が使えるようになると、表情や動作も同時に用いながら自分の要求を表現するようになる。次第に語彙が増え、言葉が話せるようになると自分の思いをより正確に、具体的に他者に伝えることが可能になる。言葉には自己を表現するという機能がある。

2　コミュニケーションのツールとしての言葉

　外国で、その土地で使われている言葉が話せないとき、自己表現したり、相手の表現を受け止めたりすることの難しさを想像してみてほしい。自分の考えたことや思ったことを他者に伝えたいとき、言葉が通じる相手でなければ、自分の思いや考えを正確に伝えることは難しい。「コミュニケーション」の語源は、ラテン語で「分かち合う」だという。
　人が互いに意思や感情、思考などを共有する精神的交流がコミュニケーションだといわれている。人との関わりの中で言葉を用いると、情報や意思を共有することが可能になり、コミュニケーションを図ることができる。言葉は送り手から受け手へのコミュニケーションのための情報の伝達のツールとなる。

3　認知の手段としての言葉

　人間独自の抽象概念は、言葉の力によって支えられている。理解したり、記憶したり、分類したりするときにも言葉が使われる。言葉には、モノや行為を意味づける記号としての働きがある。
　例えば、絵本を一緒に見ていると、1歳のＴ児が両手のひらを広げ、手首のところでくっつけて花の形をつくりながらチューリップを指さしていた。タンポポやシロツメクサが出てきてもその動作はしない。クラスで歌いながら踊った経験から、チューリップを知ったのだろう。「チューリップ」という言葉はまだ言えないが、"絵本の中のチューリップ"を識別して指し示すとき、そこに言葉が存在していることに気付かされる。赤くて丸いものを「りんご」と認識できるようになると、実物でも写真でも絵でも、「りんご」が分かる。そして、言葉で認知した「りんご」は、言葉で記憶される。目の前になくても「りんご」という言葉から赤くて丸いリンゴを想像できるようになる。言葉は知覚、学習、記憶、創造、思考、判断、推理の手段でもあるといえる。

4　思考の手段としての言葉

「今夜何を食べたいですか」と聞かれて、言葉を使わずに考えることができるか試してみよう。言葉なしでイメージしたり、考えたりすることは難しいだろう。それは考えるときにも、頭の中で言葉を使っているからだ。言葉は思考の手段にもなっている。

ヴィゴツキー（L.Vigotsky,1896～1934）は、発話を「内言（ないげん）」と「外言（がいげん）」という2つに分類した。内言は、「音声を伴わない内面化された思考のための道具」としての言語で、外言は、「音声を伴う伝達の道具」とした。また、発達的には「外言から内言へ」と移行していくとし、内言の分化は、幼児期に始まるものの、この分化が不十分な段階では、思考に外的な発声が伴ってしまい、この不完全な内言が幼児期のひとりごとであるとした。また、ピアジェ（J.Piaget,1896～1980）は、思考ができるようになってから話し始めると考え、幼児のひとりごとは自己中心性言語で幼児性ゆえのものであり、次第に消滅していくとした。

5　行動や感情をコントロールする言葉

言葉には、行動を促進したり、抑制したりする働きがある。「ダイジョウブ、ダイジョウブ」と、自分に向かって自分自身を励ます言葉をかけながら挑戦したり、「ダメ、ダメ」と言いながら我慢したりすることで、行動を抑制することができる。

例えば、さまざまな色のおはじきの中から赤いおはじきだけを集めようとするとき、黙って集める場合と「あか、あか」と言いながら集める場合を想定してみよう。言葉を発しながら集める方が効率的であることに気付くであろう。言葉によって行動が促進される。

また、他者からの自己評価の言葉は、自分の内面で何度も繰り返し語られ、補強されて、自分の行動に長く強い影響を与えるという。周囲の人々の評価の言葉は子どもの自己形成に大きな影響力を持つ。自分のこ

とを自分に向かって語りながら、自己の行動をその言葉に合うように規制していく。言葉には、自己の行動をコントロールする機能がある。

第2節　保育の場面から事例を通して

1　自分の願いや思い

　乳幼児期は、言葉を獲得していく時期である。言葉によって相手に自分の思いを伝えたり、相手の気持ちを知ったりする機会を、遊びや生活の中で繰り返し経験させたい。

> 〔事例1〕その絵本が欲しい（2歳児7月）
> 　R児、Y児、K児が、保育者に絵本を読んでもらっていた。読み終わると、R児がその本を持って保育室のすみに行き、ひとりで見始めた。
> 　Y児も一緒に見ようと付いて行き、R児の隣に座ると、R児は逃げるように立って、別の場所に移ってまた、ひとりで見ようとする。
> Y児：（R児が持っている絵本を指さしながら）「あれ、あれ」と保育者に訴える。
> 保育者：「あの本が見たいの？じゃあ『貸して』ってお願いしようか？」
> Y児：「かして」
> 　R児が絵本を持って、別の場所に逃げていく。
> 保育者：「Rちゃん、Yちゃんも見たいんだって。終わったら貸してくれる？」
> R児：「だめっ」
> 保育者：「Rちゃんが終わったらでいいよ。次にYちゃんに貸してね。順番ね」
> R児：「だめっ」

　この後、R児が絵本を堪能（たんのう）し、次の遊びに移るタイミングで保育者が「Rちゃん、終わった？　じゃあ、次にYちゃんの順番ね」と言うと、R児は、Y児に絵本を渡すことができた。まだ自分の思いを言葉で十分に表現できない子どもたちは、指差しや、単語で自分の思いを伝えようとしている。

遊びや生活の中で、保育者は子どもの思いを受け止めながら、言葉を補ったり、代弁したりしながら、子ども達が自分の願いや思いを言葉で表現し、伝えていく機会を大切に援助したい。

2　人に伝わる言い方

　子どもは考えたことや思ったことを話そうとするとき、自己中心的に話すので内容が伝わらないことがある。保育者は、尋ねたり、確認したりしながら子どもの話に耳を傾け、補ったり、言い換えたりしながら、次第に人に伝わる言い方を学んでいかれるように援助したい。

〔事例2〕大きいカマキリを見たよ（4歳児9月）
H児：「あのー、公園の方のあっちの方あるでしょ。そこに、こーんなカマキリがいたよ」
保育者：「いつもお散歩に行く公園のこと？」
H児：「そう。その道を曲がってー、こっちに行くと、犬がいるでしょ、茶色の。それで曲がると八百屋さんがあるの。知ってる？」
保育者：「う〜ん、サンキチさん（八百屋の商店名）かな？」
H児：「そう、それから上に行って、こっちに曲がって、ちょっと。わかった？」
保育者：「うーん、もしかして、八百屋さんの坂の上の畑のところかな？」
H児：「そう」

　H児の頭の中にはしっかり道順あるのだろうが、「あっち」や「こっち」など、身振り手振りをまじえながら、主観的に話すので伝わりづらかった。言葉が未熟な子どもにとって、「言葉で伝えること」は簡単ではない。保育者は、子どもの思いをくみ取りながら話を引き出し、人に伝わる言葉での表現の仕方を示し、言葉で伝える援助をしていく。

3　人の話を聞く

　子どもにとって、1対1で自分に向けられた言葉なら聞けても、集団で聞くことは難しい。耳から入った言葉を理解できるように、保育の場で

は集団での経験を通して、相手の話を注意して聴けるように、ときには自己抑制しながら話を聞くことが楽しめるような経験を積みたい。

> 〔事例3〕夏休みに経験したこと（5歳児9月）
>   夏休みに経験したことを、絵日記を見せながら、ひとりずつ順番にクラス全員の前で話す。
> S児：「お母さんと、妹と、Kちゃんと、Kちゃんのママでお祭りに行きました。雨が降ってきたけど、たくさんとれてうれしかったです」
> 保育者：(絵日記を指しながら)「金魚すくいをしたのかな？」
> S児：「そう。こうやって」(すくう身振り)
> 保育者：(クラスの全体に向かって)「質問ありますか？」
>   たくさん手が挙がる。
> 保育者：「では、Rくん」
> R児：「はい、金魚は何びきとれましたか？」
> S児：「2ひき、もらいました」
> 保育者：「2ひき、とったんですか？」
> S児：「いっぱいとっても、もらえるのは2ひきなの」
> R児：「Sちゃんはいっぱいとったのに？」
> S児：(うなずく)

　年長になると場面に応じた話し方、尋ね方、話の聞き方ができるようになってくる。自分の話を聞いてもらえる嬉しさを体験しながら、友達の話を真剣に聞く大切さに気付いて行く。言葉を用いて伝え合うためには話すことはもちろんだが、その前に相手の言うことを聞くといくことが基本になる。

4　理解する

　仲間同士、遊びの中でコミュニケーションをとってその遊びを進めていく際には、相手の話す言葉をよく聞いて理解する必要がある。

〔事例４〕キャンプごっこ（5歳児9月）
　遊戯室に布を張ってテントに見立て、S児、T児、Y児がキャンプごっこをしている。
S児：「ごはんにしよう。かまど、かまど」（ゲームボックスを運んで来て、上に焼きアミを載せる）「Yちゃん、たきぎを集めてきて」
Y児：「わかった」（保育室から、筒状になった茶色の紙の先に赤いセロファンが巻いてある「たきぎ」を抱えてくる）
T児：「さかなをとってきたよ」
　横の穴に、紙でできた魚を入れる。
S児：「ちがうでしょ、ここでしょ」（穴から魚を出して網の上に乗せる）
Y児：「おまたせー」（たきぎを置いて）「おふとん取ってくるねー」
S児：「Yちゃん（お布団は）いらないでしょ。キャンプは、こういうの（「寝袋」と思われる動作をする）でしょ」

　この遊びでは、経験の差によってイメージのすり合わせが難しいが、互いに言葉を交わしながら遊びを進めていた。イメージを共有するためには友達の話す言葉をよく聞いて理解していく必要がある。互いの思いを理解し、共有することで、遊びがより楽しくなっていく。
　言葉を通じた交流の中で相手の言い分を聞いて理解し、想像する力、他者の立場に立って相手に共感できる力を育てたい。

第3節　言葉による伝え合いの援助の視点から

　幼児期は語彙が増え、自分の思いが言葉で伝わる楽しさを感じ、相手の話を聞いて理解したり、共感したりして「言葉による伝え合い」ができるようになる。
　会話は聞き手と話し手とのやり取りによって成立する。話を聞いてくれる相手がいることで会話がより楽しいものになる。保育者は良い聞き手となり、子どもの話したいという意欲を育てることが大切である。

子どもは、遊びや生活の中でさまざまな感情体験をする。その中で、相手の気持ちに気付いて、時には我慢することも学んでいく。保育者は子どもの気持ちに寄り添い、共感しながら関わっていきたい。

　幼児の言葉を育てるために意識したいことを、いくつか挙げてみる。

(1) 豊かな言葉や表現を身に付けられるように

　保育者や友達と心を通わせる中で思わず話したくなるような体験を大切にし、さまざまな表現を受け止めていく。例えば、(お弁当のデザートの容器を開けて)「イチゴが、ぼくの鼻でパーティーしてる」(4歳5月)、(飛行機を見上げ両手を広げて走っているとき、近くに飛んできたトンボを見つけ)「あっ、いっしょ(ひこうきみたい)」(2歳8月) など、生活の中での子どもの豊かな表現を受けとめよう。書き留めておくとよい。

(2) 話し合う機会

　協同的な活動の中で、一人ひとりの思いを実現するためにみんなの意見を聞く、みんなの考えをまとめるなど、話し合いの仕方を伝えていく。

(3) いざこざの場面

　不快な感情を言葉で調整していかれるように育てたい。相手の言葉を聞くことで、自分と違う考えを持っていることに気付く機会、相手に分かるように伝えること、受け止めてもらえること、一緒に考えること、解決策を考えさせること、などの機会を意識したい。

　これまで述べてきたように、言葉にはさまざまな機能がある。コミュニケーションは、話すことと聞くことで成立する。幼児が、言葉を用いて豊かに自己表現する力を身に付けていけるように援助したい。

【参考文献】
今井和子『子どもとことばの世界——実践から捉えた乳幼児のことばと自我の育ち』ミネルヴァ書房、2013年
厚生労働省『保育所保育指針＜平成29年告示＞』フレーベル館、2017年
無藤隆監修、高濱裕子編者代表『事例で学ぶ保育内容　領域　言葉』萌文書林、2007年
文部科学省『幼稚園教育要領＜平成29年告示＞』フレーベル館、2017年
谷田貝公昭監修、谷田貝公昭・廣澤満之編『実践 保育内容シリーズ　言葉』一藝社、2016年

(古金悦子)

第6章 言葉と基本的生活習慣

第1節 言葉と基本的生活習慣との関係

　基本的生活習慣については、「幼稚園教育要領」「保育所保育指針」「幼保連携型認定こども園教育・保育要領」が、いずれも領域「健康」の「内容の取扱い」の説明の中で、以下のように重視している。

> 「基本的な生活習慣の形成に当たっては、家庭での生活経験に配慮し、幼児[①]（子ども[②]／園児[③]）の自立心を育て、幼児[①]（子ども[②]／園児[③]）が他の幼児[①]（子ども[②]／園児[③]）と関わりながら主体的な活動を展開する中で、生活に必要な習慣を身に付け、次第に見通しをもって行動できるようにすること」
>
> 　　　　　※傍線部の①は「幼稚園教育要領」、②は「保育所保育指針」、
> 　　　　　　③は「幼保連携型認定こども園教育・保育要領」の表記。

　ここでいう「家庭での生活経験に配慮」には、家族など周囲の行動を模倣しながら、子どもが自分でやろうとする気持ちに配慮したいという意味がある。また、「自立心を育て」るとは、そうした気持ちの芽生えを励まし、自分でやり遂げたという満足感を味わわせるということである。
　つまり、社会生活への適応を準備することは大事だが、その基礎を身につけさせることを優先し、単にある行動様式を繰り返させるだけでは、「主体的な活動」にはならず、「生活に必要な習慣」として展開しない。
　例えば、正しい挨拶ができることは、健全な社会生活の基礎だが、まずは「言葉」を使って人と関わる楽しさを自覚することが、大切なのである。また、「言葉」にはきまりがあり、あらゆる行為・行動と結びついていることを気づかせ、充実感を覚えるようにすることが大切である。

第2節 人間関係の基盤としての言葉

　子どもに言葉や生活習慣を「身につけさせる」のではなく、一人ひとりの子どもが習慣を身につけていく過程に意味を見出し、横で寄り添い、見守り、ときに指導するような保育者の関わりが、何よりも重要である。
　つまり、身近な人との人間関係をどのように確立するか、その基盤となる言葉をどのように獲得するかということと、援助者としてどのように使用するかの学習は、保育者として必須といえる。
　子どもを理解のためには、その子ども一人ひとりの背景や生活環境などの文脈への理解が欠かせない。学習方法としては、子どもの実際から学び、生活環境などを含めて総合的に理解しながら言葉や生活習慣の確立を目指すことが望ましい。自分の周囲の環境を見回し、実際の子どもの行動や言葉を観察したり、補助教材として絵本を活用したり、自分の成育史について振り返ったりしながら学習しよう。
　以下、この章では、子どものイメージや保育のイメージを具体的に描きながら学べるように、絵本や保育現場の事例を紹介する。

1 挨拶や返事など人と関わる楽しみから育まれる言葉

　子どもは、身近な周囲の人々の間で交わされるやり取りを見聞きして、言葉を獲得する。話し始めた頃の子どもが他者に親しみを感じ、挨拶をしようとしたり、名前を呼ぼうとしたりする姿は、本当に愛らしい。

〔事例1〕
　保育所に通うKちゃん（2歳児）は、誕生した弟と初めて対面した。
　その際、弟を、母親から「あきおくんという名前よ」と紹介されたKちゃんは、弟に「あきおくんちゃん」と呼びかけた。Kちゃんは、人の名前には「ちゃん」を付けて、親しみを込めて呼びかけるということを生活の中で学び、自分でそのルールを弟に適応させた。その後、Kちゃんは、「くん」と「ちゃん」の区別も自然に学んだ。

前ページで紹介した**事例1**は、言葉による他者との関わりを楽しむ、とてもほほえましいエピソードとして筆者の心に残っている。
　では、子どもが、他者との関わりの際に用いる言葉の特徴には、どのようなものがあるだろうか。具体的に周囲から探し考えてみよう。例えば、絵本『おつきさま　こんばんは』を子どもと読むと、絵本の月に向って、「こんばんは」と頭を下げる姿が見られる。子どもは、保育者の姿をまねて、人だけでなく、物に対しても親しみを感じ、礼儀正しく挨拶をする。
　また、絵本『ばいばい、またね』は、子どもが1日の生活の場に別れを告げて、自宅に帰る際には、言葉により挨拶をして区切りをつけ、親しみを表現する保育所生活を描いている。挨拶は簡単で日常的な言葉であるが、人と人の基本的な美しいやり取りである。挨拶を細やかに大切にすることが、言葉と生活習慣を身につける基本である。

2　食事場面の言葉による行為の習慣化

　子どもの食事場面では、さまざまな言葉が交わされる。
　「おいしいね」「あついから、ふーふーしましょう」「おかわりいる？」「もぐもぐ、よくかんで」「ごっくんできたかな？」などの言葉は、行為を示す「当て言葉」である。
　子どもは、自分の世話をしてくれる人々の言葉を聞きながら口を動かしたり、息を吹きかけたりして、行為と言葉の関係を学ぶ。その言葉が優しければ、食事場面は優しく、楽しい心地よい時間となり、子どもの心に印象付けられ、食べる場面の基本的生活習慣は、自然と身につく。言葉と食事場面の習慣化について、学びを深めよう。
　さらに子どもたちは、ままごと場面でも食生活を再現する。家庭や保育クラスの様子が分かるような楽しい事例もある。
　保育所での、ままごと遊びの場面での事例を紹介する。

〔事例２〕
　プラスチックのチェーンリングとお椀(わん)が、ままごとコーナーに用意してあった。ある実習生が、子どもたちに関わろうと近づくのだが、言葉をかけられずに無言である。それに対して、子どもの様子を見た保育者は、「何食べるのかな？　ちゅるちゅる食べるの？　熱い？　フーフーする？」などと声をかけてやり取りが始まった。
　それを見た実習生は、「お椀に入ったチェーンリングが、本当に熱いうどんに見えた。自分の幼い時の食生活を思い出した」と語った。

　私たちの食生活は非常に便利になり、急須(きゅうす)や米櫃(こめびつ)などの道具の変化がみられたり、食の簡略化が進んだりして、同時に言葉も変化している。
　言葉の変化を肯定的に受け止めながら、以下の点を考えよう。
　　「毎日の食生活場面での言葉が心地よいものになっているか」
　　「豊かな言葉と共に食物や料理した人への感謝が感じられるように
　　　過ごせているか」
　　「遊びの中でその楽しいイメージを再現できているか」
　具体的には、例えば、コンビニエンスストアの存在など、現代社会における食生活文化と言葉について考えてみよう。

3　排泄場面で留意したい言葉

　排泄(はいせつ)は、家庭でも保育現場でも習慣づけに強い意識がもたれる場面である。その際の言葉は、当然のことながら非常に個別性が重視され、プライバシーへの配慮が必要である。
　集団保育の場面で、ひとりの子ども主体の生活習慣の確立を目指す際には、言葉のつかい方に留意が必要である。例えば、「今、おしっこしなさい。そうでないと、お外で（プールで）遊べません」などという言葉かけは、集団行動の流れに合わせた習慣づけによるものだと考えられるが、子どもがその言葉をまねして獲得すると考えると、もう少し丁寧な言葉遣いが必要だ。

また、他者の排泄行為を見ることを促す「〇〇ちゃんを見てごらん。おしっこしているよ」などという言葉かけも、特別にプライベートな場面であるため気をつけたい。個別的に丁寧に関わり、自分で排泄のここちよさや、自分の身体を大切にする気持ちが育つように、言葉を添えて援助を行いたい。

4　着脱場面などで見られる自我の芽生えを支える言葉

　着替えの習慣にも、言葉が大きく関わる。保育者が時間に追われて「早く着替えなさい」と言う援助は、習慣化をかえって遅らせることになりかねない。なぜなら、他の習慣と同じく、子どもは、楽しく心地よい活動を習慣化するからである。

　例えば、絵本『じぶんでじぶんで』には、ボタンに顔がついている。顔のついたボタンの絵を見ていると、子どもたちは、擬人化したボタンと会話をしていることが分かる。

　また、2歳頃には自我の芽生えが起こり、「じぶんで」という言葉が保育者たちを悩ませる。この「じぶんで」という言葉は、子どもが、今まで愛着を感じて自分の世話を許してきた相手（母親や、保育者）をいったん切り離す、勇気のいる言葉である。この言葉は、自分は他者と違う個人であるという主張をして、自分の中で生まれた自我を自らが認め始める自立への一歩と言えるだろう。

　実際には、さまざまな営みにまだ他者の手助けが必要なのだが、手助けをしてもよいかどうかを子どもが決めるような姿も、いとおしく認めたい。「じぶんで」と言う言葉を深く味わいたいものである。

5　睡眠場面と地域に伝わるこもりうた・わらべうた

　睡眠場面でも、心地よい言葉が必要だ。「ねましょうね」「きもちいいね」「おやすみなさい」「おきたら、またあそぼうね」などの言葉が心地よい睡眠の習慣づけをする。

絵本なども活用しながら「寝る」という行為の楽しさと言葉を結び付けて豊かな落ち着いた睡眠習慣をつけられるようにしたい。地域に伝わるわらべうたや、子守歌は、子どもがその地域で大切に育てられたと感じるためにも大切であり、日本の優しい文化である。決して、機械音や電動ベッドの揺れで眠らせることのないように、愛情と言葉を大切に伝えたい。

❻　楽しみながらの片づけ・整理整頓場面

　次は、保育所での片付け場面の実践例である。

〔事例３〕
　小麦粉粘土や、スライム遊びで大胆な感触遊びを行った後で、床に敷いていたビニールシートは、小麦粉やスライムがこびりついて汚れていた。そこで保育者は、水を入れたバケツを持ってきて、「なにが入っていると思う？　きのう食べたよ」と伝え、子どもたちに匂いを嗅がせた。
　子どもたちは、「すっぱい！」「あ、キュウリの酢のものだ」と言い、酢がバケツに混ざっていると気づく。酢の入った水で絞った雑巾でビニールシートをふくと、いとも簡単に汚れが落ちた。子どもたちは、「きれいになる」「ほんとだ！やりたい！」と、雑巾を交換しながら、進んで掃除をしていた。

　子どもたちは、自分たちの食料である酢で掃除ができることを学んだ。保育者の豊かな発想や生活の知恵を伝えたり、その際の言葉のかけ方、掃除への意欲を育んだりする環境であった。
　「片づけなさい」という言葉を、毎日、同じ調子で繰り返す援助ばかりにならないように留意したい。例えば、『いちにちおもちゃ』など、おもちゃの気持ちを感じる絵本を利用してはどうだろうか。
　自分の生活する場を整えることを楽しんだり、おもちゃや遊具を大切にする心を身につけたりするためには、自ら片づけたくなる環境の構成と共に、豊かな言葉が必要である。

7 ジェンダーへの言葉の影響

　基本的生活習慣を身につける場面において、社会的性差（ジェンダー）を子どもたちは、自然に感覚として身につける。あなた自身のジェンダーの意識はどのようなものだろうか。

　例えば、「ワンピースは女が着る」「男は力が強い」「化粧は女がする」「男は大股（おおまた）だ」などと、さまざまな違いを、性差と共に認識したりしている場合があるだろう。保育者は、正しい性教育を行い、自分の身体と心を大切にする気持ちを育てると同時に、かたよった認識を与える言葉を使用しないように留意したい。

　また、性別による便器の違いや、衣服や水着の違いなど、どのように言葉をかけて指導すればよいか考えよう。例えば、男女の双子のきょうだいが、同じように髪にリボンをつけて、大人たちからの「かわいい」という言葉を望んだ場合、双子にどのような言葉を返すだろうかと考えてみよう。

8 さまざまな文化・生活習慣への理解と言葉

　外国籍の子どもが日本の生活習慣を身につける際には、丁寧な関わりと、その子どもと保護者の自国文化への理解が必要であろう。靴の着脱や入浴、食生活など、子どもたちが外国の習慣を感じる契機をつくり、さまざまな生活習慣の違いを知り合い、感じ合い、そのうえで、日本の生活習慣の意味を子どもたちと共に考え合ってみるとよいだろう。

第3節　基本的な言葉遣いや生活習慣の見直し

　保育者は、子どもの基本的生活習慣を指導したり支援したりする際に、自らの生活習慣とその際の言葉の使い方を正し、進んで子どものモデル

となるようにしたい。

　保育は、理論だけでは行えない。現代社会において急激に変化している言葉を受け入れたり、立ち止まって考えたり、正しく豊かな言葉を発信する実践力も保育者には必要である。子どもの意欲を引き出し、習慣化するまで見守り、共に生活するときに、どれほどの言葉をもっているか、以下の例を試して演習をしてみよう。

　着替えの際に、「ズボン」「右」「コレ」などと単語だけで話している子どもに衣服の箇所の名称を伝えたり、子どもたちに伝わる表現や擬人化などが浮かんだりするだろうか。食べ物の色や香りなどを豊かな表現で伝えらえるだろうか。四角い積み木を、いくつの食べ物に見立てられるだろうか。外国籍の子どもや保護者に出会ったとき、日本の生活習慣の意味を説明できるだろうか。自分の過ごす地方の郷土料理や、子守りうたを紹介できるだろうか。

　幼児期に身につけたい言葉や基本的生活習慣は、「身につけさせる」のではない。楽しい生活と遊びや、心地よい人との関わりや感覚の中で子どもが自ら「身につける」ことである。そのためには、保育者の自己の生活に楽しさと豊かさがあり、人と言葉を交わして他者との対話を楽しみ、基本的な言葉遣いや、生活習慣を見直したい。

【参考文献】
内閣府、文部科学省、厚生労働省「幼保連携型認定こども園教育・保育要領　幼稚園教育要領　保育所保育指針　中央説明会資料」(保育所関係資料) 2017年7月
とくながまり作、みやざわはるこ絵『ゆうちゃんは1さい　ばいばいまたね』アリス館、1996年
とくながまり作、みやざわはるこ絵『ゆうちゃんは2さい　じぶんでじぶんで』アリス館、1998年
ふくべあきひろ作、かかわしまななえ絵『いちにちおもちゃ』PHP研究所、2009年
林明子『おつきさまこんばんは』福音館書店、1986年

　　　　　　　　　　　　　　　　　　　　　　　　　　　　（三好伸子）

第7章 言葉と児童文化

第1節 歌を楽しむ児童文化

　「児童文化」の概念は、非常に多様で幅広い解釈がなされている。絵本や紙芝居、玩具、わらべうたといった大人が子どものためにつくり出した文化や、子ども自らが生み出した遊びや生活、子どものための施設や文化的活動など、有形・無形を問わず、子どもを取り巻くすべての文化の総称が児童文化である。
　本章では、領域「言葉」とのつながりの深い児童文化に焦点をあて、子どもの言葉や豊かな感性を育む児童文化と、その保育現場での活用方法について述べる。

1　わらべうた

　乳児期前半から、積極的に保育に取り入れたい児童文化として、「わらべうた」が挙げられる。古くから伝承されてきたわらべうたの数は膨大(ぼうだい)であるが、その多くが、乳幼児に親しみやすい平易なリズムと比較的狭い音域、そして、ここちよい速さといった音楽面での共通点がある。また、歌詞についても、日本語の美しさや楽しさを自然と感じられるものが多い。
　わらべうたは「ふれあいあそび」と呼ばれることもある通り、大人と子どもの触れ合いを生み出すという点でも重要であろう。わらべうたを歌う大人の温かな声と、わらべうたと共に注がれる愛情に満ちたまなざし、そして、わらべうたを通して感じることができる温もりと大人とふ

れあう楽しい時間は、子どもたちに、大人からの掛け替えのない愛情を実感させる力を持つものである。

乳児保育の拡大が目覚ましい現在においては、わらべうたによる子どもとのコミュニケーションは、保育者としてぜひ身につけておきたい保育技術のひとつといえる。

2 手遊び

手遊びは、音楽にあわせて歌詞（言葉）の世界を手を用いて表現する遊びである。道具が不要であり、場所や時間を問わず、少人数でも大人数でも、また、幅広い年齢で手軽に遊べるという魅力がある。行事や活動に合わせて簡単につくり出すこともでき、歌詞や動作をアレンジして楽しむことも容易である。

手遊びは、手指のこまかな操作を伴う。また、保育者の動きを真似て動く力、リズムに合わせて身体を操作する力、歌詞（言葉）の世界を手で表現する表現力など、さまざまな側面の発達に関係する遊びといえる。とくに、歌詞（言葉）の世界を自らの手（身体）の動きや形で表現することは、想像力と創造力の涵養に直結する。そういう意味では保育者の動きを真似するだけでなく、子どもの豊かな発想と表現を引き出すような活動の展開が望まれる遊びである。

第2節 物語を楽しむ児童文化財

1 絵本

絵本とは、絵と文章が融合してつくられた本の一形態である。「子ども向けの本」というイメージを持たれがちであるが、赤ちゃんから大人まで、幅広い年代が楽しむことができる多様な作品が出版されている。

絵本は保育現場で、最も使用頻度(ひんど)の高い児童文化財のひとつといえる。保育者が子どもに読み聞かせることもあれば、保育室内に設置された本棚から子どもが自由に手にとって楽しむことも多い。いずれの場合も、保育者は絵本と子どもをつなぐ役割を果たしている。そのため、保育者には、子どもの発達にあった、より質の高い絵本を見きわめる選択眼や、絵本を読む技術、そして、絵本を子どもたちが自由に手にとり、落ち着いて読むことができる環境構成についても、十分留意する必要がある。

(1) 保育室の絵本環境の整え方

0歳児クラスのように、絵本と玩具の区別がつきにくい年齢では、子どもの手に届くところには、厚紙を使用したボードブックや布絵本等を配置し、破損しやすい絵本については保育者が管理する。

2・3歳児クラスでは、表紙が見えるかたちで絵本を配置できる本棚を活用することで、好きな絵本を自分で読もうとする子どもの姿が増える。

4・5歳児クラスになると、背表紙が見えるかたちで絵本を配置しても好きな絵本を探せる子どもが多くなるが、新しい本や季節に関係する絵本など、とくに子どもに興味をもってほしい絵本については表紙が見えるかたちで配置するとよい。また、飼育している昆虫や、収集している植物などの横に関連する図鑑や絵本を置くことで、子どもたちの知的好奇心を刺激し、学びの質を高めることにつながる。

本棚周辺に、絵本を落ち着いて読むことのできる環境を用意することも大切である。机と椅子のセットや、ソファ、カーペットなどで絵本を楽しみやすい空間をつくると同時に、ほかの遊びとの位置関係にも気を配り、絵本を心ゆくまで楽しむことができるような環境構成を行う。

(2) 絵本の選び方

まず基本となるのは、年齢・発達に応じた絵本を選ぶことである。

0歳児であれば、ページをめくると新しい何かが出てくるという絵本の面白さや、言葉の楽しさを感じられるような体験や、保育者と絵本を介して楽しい時間を過ごす経験を重ねることが大切である。

そのため、リズムや、オノマトペ（「わんわん」「ざわざわ」「ぱくぱく」などの擬声語、擬音語、擬態語などの総称）の語感の楽しい絵本、その絵本を介して、子どもと保育者がコミュニケーションをはかれるような絵本、絵と言葉との関係が把握しやすい場面完結型の「もの絵本」を取り入れるといったように、子どもの発達に応じた絵本の選び方がある。

季節や行事、子ども達の興味関心に沿った絵本を取り入れることも大切である。また、クラスで抱える課題について考えるきっかけを与えることをねらいとして絵本を選んだり、絵本から展開する遊びを視野に入れて、計画的に絵本を用いることもある。

2　紙芝居

紙芝居は、物語を複数枚の絵に分割して描き、紙を1枚ずつ順番に引き抜いて物語を展開していく形式の児童文化財である。

文字通り、紙芝居は「芝居」の一種でもある。そのため、紙芝居には絵の裏面にセリフだけでなく、「半分まで抜く」「ガタガタさせながら抜く」といった紙の抜き方や、「不安そうな声で読む」といった読み方など、演出に関する指示も書かれている。また、紙を抜いたりセリフを読んだりする「間」の取り方を含めた演出とあわせて、登場人物に合わせた声のトーンをくふうするなどして、物語を演じる。

紙芝居は、多人数を対象として演じることを想定してつくられているため、絵は簡潔で、遠くからでも見やすく描かれている。また、セリフが多く、初めて見た子どもにも物語の展開が理解しやすいという特徴がある。昔話のほか、行事に関する物語や、子どもたちが一緒に声を出して楽しむことができる参加型の紙芝居など、多様な種類がある。

なお紙芝居は、できるだけ舞台を使用して演じることが望ましい。舞台がない場合には、なるべく机などの台を用意して、子どもの見やすい高さで絵を安定させた状態で演じる。

3 人形劇

　人形を用いて物語を展開する劇を「人形劇」と呼ぶ。プロの人形劇団による本格的な舞台や人形を用いて行う人形劇もあれば、保育現場で保育者や子どもが気軽に楽しむことができる人形劇もある。

　保育者が演じる人形劇の場合には、あとで子どもたちがその人形を使って遊ぶことが想定されるため、壊れにくく子どもにも安全に使える人形を作成しておくとよい。

(1) ペープサート

　ペープサートは人形劇の一種で、「ペーパー（紙）・パペット（人形）・シアター（劇場）」を縮めた呼び方であるといわれている。名前の通り、画用紙等に絵を描いて作った人形を動かして演じるもので、比較的簡単に作れることから、保育現場での使用頻度の高い児童文化財のひとつである。

　絵人形に棒をつけた形が一般的で、うちわのように棒を軸とした紙の表裏を用いて人形の表情やポーズ、向きなどを変えることで、登場人物の感情や動作を表現することが可能である。

　ペープサートは、人形を簡単に作ったり操作したりできるため、保育者が「物語」を演じるだけでなく、クイズや歌、子どもたちによる劇遊びなどさまざまな保育場面で活用できる。

(2) パネルシアター

　パネルシアターは、Pペーパー（不織布）で作った人形を用いた人形劇である。Pペーパーがネル生地に張り付く性質を活かして、Pペーパーで作った人形を舞台（パネル）に張り付けたりはがしたりしながら、物語を展開する。

　Pペーパーを張り合わせることで、表裏で表情やポーズを変えたり、人形を重ねたり、切り込みを入れてポケットを作るなど、さまざまな仕掛を作ることができるのもパネルシアターの醍醐味のひとつである。

(3) エプロンシアター

　エプロンを舞台として、フェルト等で作った人形を手で持って動かしたり、マジックテープでエプロンに付けたりしながら、物語や歌などを展開する教材である。人形を手にとって動かせることから、保育者が演じるだけでなく、子どもたちが物語を再現したり、物語の続きを想像したりして楽しむなど、多様な遊び方ができる。

　エプロンシアターに似た教材として、手袋シアターがある。手袋シアターは舞台が狭いため、比較的少人数での保育場面に適した教材である。

第3節　子どもを育てる「物語」

1　「物語」が育てるもの

　ここまで、領域「言葉」に関連の深い代表的な児童文化財を紹介してきた。なぜ絵本や紙芝居といった「物語」を楽しむ児童文化財が、保育現場で日常的に活用されているのだろうか。それは、子どもの健やかな成長にとって「物語」を楽しむ経験が欠かせないものだからである。

　子どもは、物語の「登場人物」になりきって物語の世界に入り込んで楽しむ。物語の世界では、さまざまな冒険を安心して楽しむことができる（大半の物語はハッピーエンドである）。また、昔話などにみられるような、「勧善懲悪」の分かりやすい展開や、「弱い（小さい）者が強い（大きい）者に打ち勝つ」といった、子どもを勇気づけるような内容も子どもの心をつかむ要因のひとつであろう。

　物語の世界を楽しみながら、子どもたちは自然と新たな語彙を獲得し、日本の語の美しさに触れ、言葉に対する豊かな感性を育む。また、絵本であれば、大人が読み聞かせてくれることにより「文字」の存在に気づき、徐々に文字への関心が高まる。

物語がもたらすものは、言葉や文字への関心といった目に見える成長だけではない。物語の世界を通して、日常生活と物語の世界を重ね合わせて、ものごとに対する理解を深めたり、登場人物になりきってさまざまな感情体験をすることにより、想像力や人への思いやり、好奇心や挑戦する心など、情緒面での成長にも大きな影響を与える。

2　「物語」を子どもに届ける保育者

　子どもたちの育つ家庭環境は、さまざまである。蔵書数、図書館の利用頻度(ひんど)も異なる。毎日、絵本の読み聞かせをしてもらえる家庭もあれば、そうではない家庭もある。だからこそ、幼稚園・保育所・認定こども園といった保育・教育施設において、絵本をはじめとする児童文化財と、子どもたちをつなぐ保育者の役割が大切になる。

　保育者は、子どもたちの発達にあった絵本、今、出会わせたい絵本を吟味(ぎんみ)し、同じ物語であっても、どの出版社の、どの絵本が、目の前にいる子どもたちに出会わせたい質の高い絵本なのか、どのような保育場面でどのように用いるのが最善なのか、そうしたことを保育者は常に考えて、児童文化財を選ぶ。

　絵本などを通して体験する「物語」の世界は、子どもの成長に大きく関わるものだからこそ、教材研究を重ねて、よりよい「物語」を子どもたちに届けてほしい。

　また、絵本などを保育に用いる際には、「子どもが絵本を楽しむ」ことを第一に考えることも、忘れてはならない。知識や教訓が語られている絵本を読むような場合に、絵本を楽しむこと以上に、子どもに教訓の理解を強制することのないように留意してほしい。

　子どもたちは、心から物語を楽しむからこそ、物語の中で語られていることを十分に感じ、徐々に理解を深めていく。そして、主体的に物語の世界を演じてみたり、そのための小道具を作るなど物語の世界をより深く楽しむようになる。そうした主体的な遊びの体験こそが、学びへと

つながるものなのである。

　物語を楽しむ、そして、「物語の世界を通して遊び込む」という幼児期に必要な経験を保証するためにも、まずは保育者自身が、さまざまな作品にふれ、物語を十二分(じゅうにぶん)に楽しむ経験を重ねてほしい。

【参考文献】
　阿部恵『みんなのパネルシアター』(すぐに生かせる実技シリーズ)メイト、2012年
　阿部ヤヱ『「わらべうた」で子育て 入門編』福音館書店、2002年
　子どもの文化研究所・紙芝居文化推進協議会『紙芝居——演じ方のコツと基礎理論のテキスト』一声社、2015年
　中谷真弓『お話いっぱいエプロンシアター』小学館、1993年
　久富陽子『実習に行くまえに知っておきたい保育実技——児童文化財の魅力とその活用・展開』萌文書林、2005年

　　　　　　　　　　　　　　　　　　　　　　　　　　　（佐野友恵）

第8章 言葉の味わい

第1節 言葉への興味・関心

1 日々の生活の中で

　言葉は、単なるコミュニケーションのツールというだけでなく、子どもの発達や生活環境と密接に関わるものである。日常生活で必要な言葉を獲得した子どもは、そのおもしろさや不思議さに気づき、さまざまな言葉をじょうずにあやつれるように、くふうを重ねるようになる。

　ものには名前があることを知り、「これは？」「これは？」と聞いてまわったり、「"ハナ（花）"と"ハナ（鼻）"……いっしょだねぇ」と感心したり、大人からすればささいなことであるが、強く興味を示す姿がしばしば見られる。

　「〇〇ちゃーん、あーそびましょ」「ど・ち・ら・に、しようかなー」など、日常の会話の中で、節や抑揚をつけて唱える言葉は、子どもの周囲に多数存在する。また、「指切りげんまん」や「いないいないばぁ」は、動作を伴うことによって、単に言葉のリズムだけではなく、同じ空間にいる者どうしに定められた約束ごとを共有する楽しさを、味わわせてくれる。

　言葉が育まれるためには、伝えたいことが存在する暮らしの中で、伝えたい相手を得ることが必要になる。そして、それが、温かくしっかりと受けとめてくれる相手となったとき、子どもは言葉に関心を持ち、意欲的に言葉を使って、自らの思いを表現するようになっていくのである。

2 日々の遊びの中で

　乳幼児にとって、遊ぶことは生活そのものであるといわれるように、遊びはこの時期の子どもの発達を支える重要な活動である。遊びの中で、子どもは、言葉によって仲間とのコミュニケーションを円滑に進める方法を身につけ、新たな言葉の獲得によって自らの表現を豊かにする。

　また、一方で、子どもは遊びの中で言葉を操作し、一種の遊び道具としてこれを用いてきた。「しりとり」や「なぞなぞ」などは、言葉から生まれる遊びであるが、それらは、子どもたちが、一定のルールに基づいて言葉の特徴をうまく捉えながら発展させてきたものである。遊びが伝承される中で、年少の子どもたちは、言葉の詳細な意味は分からなくとも、年長の子どもたちの使う言葉を覚え、遊び方を身につけてきた。

(1) しりとり

　しりとりは、単語の最後の音節を次の単語の最初の音節に使いながら、次々に単語をつなげていく遊びである。日本語では、頭に「ん」のつく単語が皆無に等しいため、「ん」で終わる単語を言ってしまうと負けになるのが通常のルールである。参加人数は何人でもよく、メンバーの年齢や発達段階、生活環境、そして知識の量などによって、ルールを変え、難易度を調整することができる。例えば、「こぶた、たぬき、きつね、ねこ……」のように、「動物」に限る、というようなルールを設定すれば、難易度は上がり、子どもは、動物園での体験や絵本・図鑑の中での知識、テレビ番組からの情報などを駆使して挑戦することになる。

(2) なぞなぞ

　なぞなぞ（謎々、なぞ）は、「何ぞ？」と問うところからつけられた言葉であるといわれる。言葉を用いたクイズであるが、あらかじめ用意された答えに導くための問いかけが発せられる。その正解は必ずしも事実に基づくものではなく、言葉の意味をこじつけたようなシャレやダジャレのようなものも多分に含まれている。

「上は大水(おおみず)、下は大火事、なあに？」(答：風呂)、「目が3つ、足が1本のおばけは、なあに？」(答：信号機)のようななぞなぞ遊びは、子どもの生活に密着した見立てから生まれている。また、「パンはパンでも食べられないパン、なあに？」(答：フライパン)、「パンはパンでも空を飛ぶパンは、なあに？」(ピーターパン)のように、同音の言葉の多様性を楽しむものも多い。

(3) その他の遊び言葉

・早口言葉 ── 正確に発音しにくい言葉を、できるだけ早く唱える遊びで、ある程度言葉を自由に操れるようになった幼児後期から小学生が楽しんでいる。「生麦(なまむぎ)、生米(なまごめ)、生卵(なまたまご)」「蛙(かえる)ぴょこぴょこ三(み)ぴょこぴょこ、合わせてぴょこぴょこ六(む)ぴょこぴょこ」などが代表的である。

・回文(かいぶん) ── 上から読んでも下から読んでも同じになる言葉をいう。言葉を身につけ、音に関心をもった幼児の、「トマト」「やおや」「新聞紙」などから始まり、「竹やぶ焼けた」や「確かに貸した」などの語句も見られるようになる。小学生くらいになると自らつくってみるのも楽しい遊びである。

第2節　唱えて楽しむ言葉

1　遊び歌と言葉

遊び歌とは、文字どおり遊びと歌が一体となったものをいう。「手遊び」や「身体遊び」「リズム遊び」、いわゆる「ふれあい遊び」などに加えて、「わらべうた」も遊び歌のひとつと捉えられる。

ただし、わらべうたは、子どもたちが遊びの中で自然につくり上げ、歌詞や音程を遊びに合わせて自由に変化させてきたものであるのに対して、その他の遊び歌は、大人が子どものために創作してきたものである。したがって、言葉との関係もこの違いを重視し、わらべうたについては次項で述べる。

前述したように、わらべうた以外の遊び歌は、大人が子どものためにつくったものであり、外国の曲に日本語の歌詞をつけたものなども含まれる。保育者どうしが口づたえで教え合っていくことも多いが、歌詞や旋律が大きく変化することはほとんどない。

　中川ひろたか、湯浅とんぼなど、近年の遊び歌作家には、保育士や幼稚園教諭など、直接、乳幼児と関わった経験のある人が少なくない。子どもが好むであろう題材やテーマの中から、身近な生活に根ざした言葉がたくさん使用されているのもうなずける。それらの言葉は、楽しいリズムとともに、遊びを豊かにするものとして、大切な保育教材のひとつとなっている。

2　わらべうたと言葉

　わらべうたは、日々の生活の営みから、そして、子どもの遊びの中から生まれたものであるために、そのほとんどが、誰がいつ創作したのか、どのように遊ばれ始めたのか、などは分かっていない。

　伝承されてきた地域や時代によって、当然のことながら、同じ歌でも、言葉や言い回し、旋律や節、遊び方なども異なっている。けれども、それこそが、子どもの生活に密着したわらべうたの特徴であるともいえ、地域で独自の遊び方をするからこそ、その地域の子ども集団の団結力を強める役割を果たしてきた。

　わらべうたは、日本語の特徴を反映したものであるといわれ、幼児の言葉遣いに即して自然なかたちで歌われてきた。0〜3歳の乳幼児に適したわらべうた遊びには、親や保育者とのスキンシップを図るものが多く、それらは、大人から子どもへの愛情の伝達の一方法であるともいえる。

　1934（昭和9）年に岩手県遠野市で生まれた阿部ヤヱは、幼少期に身近な大人から多くの昔話やわらべうたを伝えられて育った。その体験から、わらべうたを永く残したいと伝承に努め、『「わらべうた」で子育て』(2002年)、『花さかんひらいた』(2012年) といった著書にまとめている。

わらべうたの中には、人間としての心や知恵が生きているというのが阿部の強い思いであり、聞くこと、声を出すこと、そして、大人がそれに応えることが、乳児期においていかに大切であるかを説いている。
　地域における育児力の低下が問題にされる現在、わらべうたのような伝承遊びを通して、多くの大人と関わり、地域に伝承されてきた言葉を共有する機会は、子どもにとっても意義のある体験となる。それらは、自らが生活する地域の文化を再認識し、異文化との融合によって新たな文化を創造する力へと発展していく。
　現代社会の中で、地域住民どうしの関わりの希薄さを問題とするとき、まず、大人と子どもが、大人どうしが、そして、子どもどうしが言葉を介して楽しいつながりのもてるものとして、わらべうたや遊びうたの重要性を見直してみることは有効な手段であろう。

3　詩と言葉

　「子どもの詩」は、子ども自身の創作と、大人が子どもの読者を想定して創作した作品に分けられる。なお、子ども自身がつくった詩の中には、日常の生活の中でつぶやいた言葉を、大人が拾い上げたものも含まれている。

(1) 子どもの創作

ゆでたまご　　かしまじゅんいち(6歳)	ゆき　　うえだしんご(5歳)
かわを　むいた はじめに　くも つぎは おひさまが　でてきた	ふくのうえにとまって なかにかくれて ねてしもた 出典『子どもの詩集　たいようのおなら』より

　「子どもは詩人だ」とよくいわれる。だが、上のような作品が、子どもがつくろうと思ってできあがった詩でないことは明らかである。それらは、子どもが生活の中で目にしたものを、感じたまま口にしたつぶやきであると捉えられる。どのように表現すれば美しいかとか、言葉のリ

ズムの楽しさであるとか、そんなことには無頓着で、乳幼児のつぶやきの根底にあるのは、生活の中での好奇心や関心なのであろう。

しかし、大切なことは、そのつぶやきを聞き逃すことなく受けとめ、文字に表してくれる大人がいるということである。美しい言葉も正確な表現も、口に出した瞬間に消えていくものであるが、それらを宝石のように大事に思ってくれる大人が身近にいることは、その子どもにとって限りなく幸せなことである。

(2) 大人の創作

近年、保育の場で詩を教材として扱う機会は少ないが、かつて幼児教育における詩歌の重要性を示した倉橋惣三(1882～1955)は、「心理学者と呼ばれるよりも詩人と呼ばれたい」と語っていたそうである。そして、幼児教育の中に積極的に詩歌を取り入れようとし、自らも数多くの詩を創作した。倉橋はまた、保育者が自分の気に入った詩集を常にかたわらに置いておくことを提唱している。

もちろん、幼児に詩を覚えさせたり暗唱させることが、保育者の目的ではない。日々の保育の中で、保育者が自身の好きな詩をくり返し口ずさむ。すると、美しい言葉のリズムが子どもたちの心に刻みこまれ、やがて、保育者がひとつのフレーズを口にするだけで、子どもたちが唱和するといった光景も素敵だと思う。

第3節 聴いて楽しむ言葉

1 昔話と言葉

人間が文字を持たなかった時代から、集いの場で「おはなし」は語られてきた。民話や伝説、おとぎ話などそれぞれに定義はあるが、日々の生活の苦労や楽しみを盛り込みながら民衆が語り伝えてきた物語が、昔

話であるといえる。冒頭の「むかしむかし」「とんとむかし」や結末句の「どんとはらい」「とっぴんぱらりのふう」等の言葉の多様性も含めて、時代や地域により変化がみられるものでもある。

近年、生活様式の変容などもあり、家庭において昔話が語られ、伝承される機会も少なくなっている。しかし、耳から聴く物語が、いかに幼児の想像力を育むうえで重要なものであるかということは、周知の事実であろう。親しい人の声は、聴く者に安らぎを与え、一つひとつの言葉に込められたメッセージは、子どもがこれから出合うさまざまな困難を乗り越えるために必要な生きる力にもなり得る。

2 幼年文学と言葉

幼年文学は、幼い子どもを読者対象とした児童文学のひとつのジャンルであるが、当然のことながら、まだ文字が読めない子どもも対象となる。そのため、周囲の大人が子どもに「読んで聞かせる」、もしくは「語る」というかたちをとることになる。すなわち、昔話と同様に耳から聴く文学であることが幼年文学の特徴であり、聴いて心地よい言葉の表現や、理解が容易な明快な語彙の用い方等が重要となる。

幼い子どもが人生で初めて出あう文学体験であるから、子どもとともに楽しい世界を共有できる物語であることはもちろん、言葉の美しさやリズム感にも配慮した作品が望まれる。

1960年代は、日本の児童文学史上、大きな転換期であるとされているが、幼年文学においても従来の伝統的な殻を打ち破るような新たな作品が発表された。その嚆矢となったのが、いぬいとみこの『ながいながいペンギンの話』(1957) である。幼児には短編がふさわしい、長編を楽しむだけの力はないと考えられてきた幼年文学の概念を、いぬい作品はみごとに打ち砕いた。

その後は、自らの保育者経験を踏まえ、保育園での子どもたちの生活を描いた中川李枝子の『いやいやえん』(1962)、自らの家庭をモデルに

した松谷みよ子の『ちいさいモモちゃん』(1964) など、現在も読み継がれている物語が次々と誕生する。また、ナンセンス童話と称される寺村輝夫の「王さまシリーズ」(1961～) や、自己のアイデンティティを求めるくまの子どもを擬人化した神沢利子の『くまの子ウーフ』(1969) などは、小学校低学年の国語教科書にも採用され、多くの読者を得てきた。

　日本児童文学の古典ともいえる前述のようなすぐれた作品が、幼年文学の分野にも数多く生まれた1960～70年代の状況から考えると、近年の幼年文学の不作は否めない。しかしながら、絵本や図鑑ふうのものも含めると、いわゆる幼年向けの本の出版点数自体は決して減少しているわけではなく、文字教育や文学教育といった側面からも、各出版社がこの分野に力を入れているのは明らかである。学童期以降の子どもの読書離れが取り沙汰されて久しい今日、豊かな言語体験を支える第一歩として、まずは幼児期の耳から伝える文学の重要性を再考してみる必要があろう。

　子どもは人の中で生活し人と関わることによって、言葉を獲得していく。豊かな言葉を身につける機会はたくさん用意されているといってよい。家庭では保護者が、保育の場では保育者が、子どもに寄り添い、ともに美しい言葉でつづられた絵本や幼年文学の世界を楽しみ、味わい、豊かな言葉遊びの体験を共有することこそが、乳幼児期の言葉の指導法であるといえる。

【参考文献】
阿部ヤヱ著、平野恵理子・絵『「わらべうた」で子育て 入門編』福音館書店、2002年
阿部ヤヱ『花さかんひらいた ——伝承 人の一生を育てる』青風舎、2012年
川北典子、村川京子、松崎行代編著『子どもの生活と児童文化』創元社、2015年
坂井康子「遊び歌の指導をめぐる諸問題」『音楽教育実践ジャーナル』vol.8、№1、2010年
中川信子『子どものこころとことばの育ち』大月書店、2003年
灰谷健次郎・編、長新太・絵『子どもの詩集　たいようのおなら』のら書店、1995年

(川北 典子)

第9章 文字としての言葉

第1節　話し言葉と読み言葉・書き言葉

1　領域「言葉」の中での"文字"

　2017（平成29）年告示の幼稚園教育要領では、「第2章　ねらい及び内容」の「言葉」の領域において、内容の取扱いでは、「幼児が日常生活の中で、文字などを使いながら思ったことや考えたことを伝える喜びや楽しさを味わい、文字に対する興味や関心をもつようにすること」とある。また、「保育所保育指針」と「幼保連携型認定こども園教育・保育要領」でも、同様に書かれている。このように、幼児期の文字指導で大切なのは、興味や関心をもてるようにすることである。

　さらに、今回の幼稚園教育要領・保育所保育指針の改訂・改定から明記された、「育みたい資質・能力及び幼児期の終わりまでに育ってほしい姿」でも、「数量や図形、標識や文字などへの関心・感覚」と明記してある。それほど、言葉・文字の獲得は、幼児期の発達において、大事なことのひとつなのである。

2　"一次的ことば"と"二次的ことば"

　言葉の発達は、単純に階段を上るように発達していくものではない。岡本夏木は"一次的ことば"と"二次的ことば"という言葉で枠組みを示している（岡本、1985）。一次的ことばの特徴は、「特定の親しい人との対面でその場と具体的に関連した事象をテーマに話し合ってゆくことば

……」として、二次的ことばの特徴は、「不特定多数者にむけて」「現実の場面を離れたところで」「自分の側から一方的伝達行為として行われ、」「"話しことば"だけでなく、そこに"書きことば"が加わってくる」としている。"一次的ことば"と"二次的ことば"は、相互が関連し合っている。また、二次的ことば"として書き言葉を獲得することも、"一次的ことば"を基礎として培っていくものなので、書き言葉の獲得でも、話し言葉のときからが大事なのである。

3　文字を読む力・書く力

心身が発達していく中で初めて文字を読む・書くことは、子どもにとって、目や手と同時に頭も使うという意味で、とても難しいことであることを理解しておかなければならない。

言葉の発達には、以下の条件が挙げられる。

①身体的条件として、
　(a) 認知、運動、言語に関わる大脳のはたらきが正常に成熟していること
　(b) 目や耳などの感覚器官が正常であること
　(c) 発声器官、構音機関の構造や機能が正常であること

②環境的条件として、
　(a) 親子関係を中心とした人間関係が適切であること
　(b) 言語習得のための刺激や動機づけが十分であること
　…などの条件

(待井・福岡、2007)

読み言葉は視覚・認知能力によるものであるが、書き言葉はそれに加えて手首・指先の運動が必要であり、目と手の連動も必要である。

4　話し言葉と書き言葉の違い

話し言葉は・か・た・ちに残らないが、書き言葉は・か・た・ちに残すことができる。後で確認できるし、その場にいない人に伝えることもできる。そんな文字の便利さに気づくと、関心も強くなるだろう。

一般的には、話し言葉（読み言葉）の発達が先で、書き言葉が後になる。しかしここで、今まで知っていた言葉とは違う言葉になっているという壁にぶつかることもある。「〜です」「〜ます」など、大人は当たり前のように頭で変換して書くが、子どもにとっては、全く違う新しい言語との出会いとなることもある。

5　絵本との関わり

　乳幼児期にとって絵本は、文字獲得の基礎となる。大好きな人のお話を聞いて、それは「絵本」と言うものに書いてあることを知る。そこには「絵」が書いてあり、その隣によく分からない記号が書かれている。大人は、その記号を見て、いつも同じお話をしていて、どうやらそれは、"文字というもの"だということを知る。子どもが、意識的にそのように考えているかは分からないが、大好きな人が読んでくれる絵本に興味をもち、繰り返し読んでもらい、文字に慣れ親しんでいく。今まで耳にしていた話し言葉が、読み言葉・書き言葉であることも理解していく。

第2節　文字の獲得

1　記号としての文字

　初め子どもは文字を、記号やマークなどの形と同じものと見ている。保育所や幼稚園では、マークや絵を付けて自分の物だと分かるようにしていることが多い。例えば「さくらちゃんは、いぬマーク」と先生に教えてもらい、いぬのシールが貼られているロッカーにカバンをしまい、いぬのスタンプが押されている連絡帳を出す。文字は読めないがマークを頼りにして、園生活を過ごす。次第に、マークの横に書かれている「さとう　さくら」というものが自分の文字だということが分かっていく。

2　音としての文字の認識

　文字というものが分かりつつも、初めは、"ひとかたまりのもの"として認識していることが多い。魚に「さかな」という言葉があると分かっても、「さ」という文字と「か」という文字と「な」という文字でできているということは分かっていない。「さかな」という、"ひとかたまりにまとまったかたち"のように思っている。
　そして、絵本に書かれている文字を大人が読んでいるのを見たり、「さくらの"さ"とさかなの"さ"が同じだ」ということに気が付いたりして、「さ」という音と「か」という音と「な」という音が合わさって、「さかな」という言葉になることが分かっていく。

3　読み言葉・書き言葉の獲得

　文字というものがあり、その文字が"音"で表わされることが次第に分かっていき、自分の周りにも文字がたくさんあることに気が付く。大人のまねをして絵本を読んでみたり、自分の知っている文字を見つけたりして、また新しい知識を積み上げていく。
　文字の有効性や必要性も理解していくうちに、書き言葉への興味を示す。自分の思っている通りには書けないこともあるだろう。しかし初めは、文字を書けたということが、子どもにとっては大きな喜びであり、自信につながるのである。

4　ひらがなとカタカナ

　文字を覚え始めた子どもは、かたちとして認識しているだけなので、ひらがな・カタカナの区別はつかない。カタカナとして生活の中で見慣れているものは、ひらがなに直してやると、かえって子どもにとって不自然な環境にもなってしまう。一般的に子どもたちは、カタカナよりもひらがなの方が接する機会が多いので、ひらがなから覚えてくることが

多い。違いに気づいたら、文字にはカタカナというものがあることを教えてやることが、子どもの興味を深め、世界が広がるきっかけにもなる。

5 幼児の文字獲得の現状

　幼児の文字獲得は、以前に比べ、早熟化している。1994年の調査結果では、1967年よりも、およそ1年早まっていた(島村・三神、1994)。4歳児で、ひらがな46文字の内、75％を読むことができる。5歳児は、94％を読むことができ、80％を書くことができる。データが確認できないのではっきりとした結果は分からないが、現在（2018年）の方が、さらに早くなっていることも考えられる。以前に比べ、文字が現代社会にあふれているからである。一方で、早熟化に合わせるために、早期から文字を教え込ませようとすることを危惧しなければならない。

　多くの子どもが、話し言葉は1歳〜1歳半で発するのに対し、読み言葉・書き言葉の興味・関心は、個人差が大きい。3歳頃から興味を示す子もいれば、5〜6歳になっても示さない子もいる。個人差を認めつつ、子ども一人ひとりに合った援助を考えるのが保育者の役割である。

第3節　文字と関わる保育

1 親しい人との関わり・愛着関係

　子どもがいちばん最初に触れる文字（話し言葉）は、母親からの愛情がこもった言葉かけになる。大好きな人の言葉だから、まねをしたくなり、言葉を獲得していくのである。そして、保育所・幼稚園などであれば、それは先生が担う役割となる。保育者も、両親と同様の愛着関係を結ぶことが、言葉の発達においても大事なことである。また、児童期・青年期にも影響を及ぼすことからも、乳幼児期では、保育者との愛着関

係が、話し言葉に限らず、読み言葉・書き言葉においても重要である。

2　子どもの疑問に応答する

　子どもは、あらゆるものに興味・関心を抱く。知らないものを見つけると、すぐに聞いてくる。つい大人は、あいまいな答えで流してしまいがちだが、それでは子どもの言葉の獲得の機会を奪ってしまう。知ることの喜びを味わえば、同時にもっと知りたいと思い、たくさんの文字を知ることにつながる。一度聞いても、またすぐに同じことを聞くこともあると思うが、何度も見たり聞いたり、書いてみたりするうちに、文字は獲得されていく。子どもの発見は無視せず答えてやることが、大事なことである。

3　文字に触れる環境

　保育所・幼稚園は、家庭とは違った世界である。聞いたことのない、見たことのない言葉であふれている。園にあるものや園でやることを、意図的にカードに絵を描き、それに合う文字を書いて、子どもたちが見えるところに掲示しておくのも、文字への興味を引くひとつである。

　ホワイトボードや黒板がある園も多いだろう。保育者が書きながら、子どもたちが見ている前で読みながら書いてみることで、一緒に読みながら文字を理解したり、次に書く文字を予測してみたり、分からなくても、周りの友達と一緒に言ったり聞いたりして、刺激を受ける。

4　文字を教える大人として

　保育者は、子どもの手本となるように心掛けなければならない。いちばん最初に出会った文字が異なっていれば、それを覚えてしまい、後で直すのは困ることだろう。丁寧に書くのはもちろんのこと、書き順、書き方のルールなど、子どもが正しい文字を習得するためには、必要なことである。

幼児期に、強制的に文字指導する必要はないが、書くときの姿勢や鉛筆の持ち方は、注意しておいた方がよい。しかし、口うるさく注意されたのでは、文字を書くことに嫌悪感をもってしまうので、気がついたときに声を掛けて促してやるくらいでよいだろう。

　また、文字を書くことは、手指を動かして、脳も働かせることにもつながる。幼児期から正しい使い方で鉛筆を使うことで、手先が器用になり、知力も発達する。小さい頃から興味をもったら、どんどん文字を書く機会を与えてほしい。

5　ことばあそび

　「頭音(とうおん)集め（○のつく言葉集め）」や「しりとり」は、幼児期の文字獲得のことばあそびである。しかし、文字を一つひとつの音に分解できなければ成立しないあそびなので、初めから簡単にできるものではない。慣れない初めの頃は、絵も描けばより分かりやすく、楽しめるだろう。

　他にも、文字のかたちが分かってきたら、「○の文字探し」も楽しめるだろう。「なぞなぞ」「逆さ言葉」「早口言葉」など、言葉の面白さに触れられる遊びはたくさんある。子どもたちが、文字に興味をもって、楽しんで文字を獲得できるようなことばあそびを取り入れてほしい。

6　誤字・脱字、鏡文字

　書き言葉を覚えた子どもは、間違ったかたちの字を書くのも当然のことことである。正しいかたちを教えてやることも大事だが、それよりも初めのうちは、文字を書くことの楽しさが味わえるようにすることが望ましい。

　子どもが書いた文章は、誤字・脱字も多い。また、鏡文字もよく見られる。読めない字も多いので、子どもが持ってくるものを読む際に、保育者はひと苦労することもある。しかしそこで大事なのは、文字に興味をもって、書くことの楽しさを実感している子どもを認めることである。

子どもは、自分が書いた文章なのに読めないこともある。反対に、誤字・脱字が多いのに、すらすらと読むこともある。子どもは、聞く・読む・書くの経験をたくさんして、理解していく。その手助けをしてやるのが保育者の役割だろう。

7　乳幼児期に獲得したいこと

　「就学前には名前の読み書きができればいい」ということを耳にする。それでは、量的に10字ほどを覚えていればよいのか。就学までには必ず、全員が自分の名前の読み書きだけはできなければいけないのか。受け方によって、大きく変わってしまう。

　どれが正しいかということは言えない。しかし、自分の名前が読めないと、小学校に入ってから自分の持ち物がどれか探せずに生活するのに困る。また反対に、自分の名前が読み書きできるようであれば、他の文字にも興味をもち、知っている文字の数は10字程度ということはないだろう。

　乳幼児期に文字を教え込む必要はないと述べてきたが、何もしなくてよい、ということではない。子どもが興味・関心をもてるような環境をつくることは必要である。そして、"文字というもの"があること、文字の機能・必要性、仕組みやルールを教えてやることは必要であろう。それをするのは、親の役割でもあり、保育者の役割でもある。

【参考文献】
　岡本夏木『ことばと発達』岩波新書、1985年
　島村直己・三神廣子「幼児のひらがなの習得──国立国語研究所の1967年の調査との比較を通して」『教育心理学研究』42、1994年、pp.70-76
　田上貞一郎・高荒正子『新訂 保育内容指導法「言葉」』萌文書林、2006年
　待井和江・福岡貞子『乳児保育』ミネルヴァ書房、2007年
　谷田貝公昭編著『不器用っ子が増えている──手と指は［第2の脳］』一藝社、2016年

（橋本　樹）

第10章 指導計画と評価
―「言葉」の視点から―

第1節 指導計画

1 指導計画の必要性

(1) 乳幼児の発達を知る・促す

　乳幼児は、運動機能や情緒、知的な力が未分化だが、発達は順序性、方向性をもっている。子どもに健全な発達を促すために、次の発達段階を見通し、望ましい環境を整えるために「全体的な計画」（幼稚園では教育課程）を作成しておく必要がある。

　保育修了までをまとめた「全体的な計画」は、年齢ごとの「月の指導計画」「週の指導計画」のように実際の子どもの実態に沿うようにより具体的、効果的な指導計画の基礎となる。

(2) 保育者の連携で子どもに安定を

　それぞれの保育施設では、担任となる保育者の他にも看護師、延長保育のためのパートの職員、栄養士などが子どもの生活に関わる。保育者や職員の引継ぎに当たっては、「指導計画」が大きな情報源となる。子どもの活動やそのねらいなどを確認し、保育者が共通の方向性をもって接することで、子どもはいつもと変わらない安定した生活や遊びを続けることができる。

(3) 保護者の理解でよりよい保育へ

　初めて乳幼児を親元から保育施設に預けることは、期待を抱きつつもさまざまな不安も抱えていると考えられる。保育施設側としても、保育理念

や目標、行事、発達の捉え方、保育内容などを保護者に十分に理解して欲しいという願いがある。入園時に「全体的な計画」を示して、理解と協力を得ることができれば、保護者の不安の軽減や解消にもつながる。保育施設と保護者の相互理解が、より良い保育の実現につながる。

(4) 小学校へのつながりを明確に

入学後の適応を意図して「全体的な計画」に、ねらいや活動を示している。それは、「アプローチプログラム」と呼ばれ、1、2年生の生活科や学校行事での交流や、保育活動の中に教科学習（国語・算数・生活など）の視点を盛り込んだものを指す。ひらがなの積み木で遊びながらひらがなや言葉の理解を進める、活動時間を長くする、小集団の活動を多くするなどで、小学校生活や学習の意欲や自信となるように保育活動を計画している。

2　指導計画の立案

(1) 指導計画・指導案の視点

幼稚園は文部科学省の「幼稚園教育要領」、保育所は厚生労働省の「保育所保育指針」、認定こども園は内閣府・厚生労働省・文部科学省の「幼保連携型認定こども園教育・保育要領」に定められた内容についての計画を立てなければならない。幼稚園は「教育課程」、保育所と認定こども園は「全体的な計画」と呼ばれるものである。

その保育施設の理念や目標、学年の目標や年齢ごとの子どもの姿を一覧表にまとめているのが一般的である。「全体的な計画」（「教育課程」）をもとに、長期計画として「年間指導計画」を立て、次に季節や行事などを関連させた「月間指導計画」にする。短期計画としては「週間指導計画」「日案」に具体化する。

なお、指導計画の中で、1日あるいは特定の時間の保育を計画し、紙面化するものを、通常「指導案」という。「指導案」には、望ましい保育のために次の内容を記す必要がある。

図表10-1 「指導案」に書くべき内容

①月日、曜日、年齢、組、人数、保育者
②**子どもの姿**── 前日までの子どもの事実を書く。生活の様子、遊びの興味や関心、友だちとの関わりを視点にする。
③**ねらい**── 保育者として、どんな子どもになってほしいかを書く。
④**内容**── ねらいを達成するために、子どもが経験することを具体的に書く。具体的には子どもの活動に示す。
⑤**時間**── 登園から降園までの時間の流れを活動の内容が変わるごとに書く。
⑥**環境の構成**── 活動場面(保育室や園庭など)を図示する。用意する物(教材・素材・道具・視聴覚機器など)、準備すること、また、場の雰囲気づくりなども含めて具体的に書く。
⑦**子どもの活動**── ねらいや内容と関連して、子どもが環境に関わって主体的に行うことを予想して書く。
⑧**保育者の援助**── 保育者が子どもに直接働きかける行動や言葉かけ、特別な支援が必要な場合の個人対応も含む。
⑨**反省**── 指導案をもとに保育を行った後に振り返って書く。実習の場合は、保育実践を参観した人(担任、主任、園長)が評価を書く。

出典:[開、2012]を参考に筆者作成

(2) 年間指導計画・指導案の反省・評価

保育の評価には、2つの視点がある。

まず、子どもに対する評価は、ねらいに照らして子どもの良さや発達を見るものであり、次に、保育者への評価は、ねらいや活動、環境構成、援助を振り返り、次の保育の改善につなげるものである。

評価方法として、子どもの活動の様子や作品を写真や動画に残すことは、①誰でも容易にできる、②子どもが自分を確かめられる、③保護者と共有することができる、など広く活用できる良さがある。

保育者の評価資料として環境構成を写真に残すと、次の保育に活かすこともできる。映像だけでなく、文字の記録として客観的に残すことも忘れてはならない。

第2節 指導計画例

1 教材 ──「保育者の言葉」の視点

　家庭や保育施設が子どもの言語環境である。大人が意図せず、気づかないうちに、生活の中で子どもは言葉を理解し、蓄積し、使っていく。乳児の時から話しかけると、乳児も対話しようとする。この素地(そじ)をつくるのは言葉の発達に重要である。

　保育者は喃語(なんご)にも十分に応え、機嫌のよい時の声を聞き分けて言語の発達を促していく。1歳半になると50ほどの言葉を話し、「誰が、誰に、何をした」を理解できる。保育者は、例えば子どもが「ボール」と言ったら、「ボール、投げられる」などと聞き返して、子どもの使う言葉よりも少しだけ難しい話し方をするとよい。3歳までに質問と答えの会話ができるようになるので、保育者は、簡潔でわかりやすい言葉でのやり取りを、言葉遊びや生活上の問題解決のために大いに活用すると、それが伝え合う力になる。

　また、保育者には、子どもの体験と合わせて「気持ちを表す言葉」を増やすようにする役割がある。例えば子どもの言う「いやだ」には、「くやしい」「さびしい」「怒っている」「恥ずかしい」などで表現する感情が含まれている。そこで「くやしかったんだね」「さびしいね」と言い換えてやる。気持ちを的確に伝えられると情緒が安定し、人間関係を上手に保つ力となる。このように、保育者の言葉が何よりも親しみやすく、ひんぱんに提供される教材なのである。

2 親しみやすい教材

(1) 絵本や紙芝居など

絵本や物語の読み聞かせは、保育者の声が言葉のリズムや間合いを生

んで物語のイメージを広げると、子どもは物語の世界に入り込んでいく。文中の言葉が子ども達の語彙を越えていても、絵と共に感情を体験しながら理解され、新しい言葉を蓄えていくことができる。日本の昔話は、子どもにわかりやすい行為が連続する構成で、幼い時から楽しめる。

(2) わらべ歌・数え歌・手遊び歌・絵描き歌など

「かごめかごめ」のように動きながら歌ったり、「いちじく、にんじん……」と指を折って数え歌を歌ったりするなど、誰もが歌いやすく、声に出して多様な言葉に触れることができる。2人で楽しむ「せっせっせ」や、簡単な絵かき歌は、短時間でもできるので多くを体験させたい。

(3) なぞなぞ・クイズ・しりとり

語彙や知識が増えて、物の性質や特徴が分かってくると、なぞなぞやクイズを楽しむことができるようになる。これらは、答えるだけでなく自分で問題を考えることにもつながっていく。出題する、指名する、答えるという遊び方も、子どもには魅力的である。しりとり遊びは、自分の語彙を増やすのに効果的である。これらは、文字が書けなくても聞いたことのある言葉や知識を総動員して子どもは考えている。

(4) かるた・ひらがなの積み木・トランプ

年長になれば文字を読んだり書いたりすることに興味を持つようになる子どもが多い。かるたは、初め3歳くらいで絵を見て取り、取った枚数を競うので夢中になる。自然に文字に目にし、少しずつ文字への関心を呼ぶ。ひらがなを読めるようになれば、積み木を使って言葉づくりをしてみよう。トランプもマークと数字の両方があるので、小さい時から遊べる。数字が身近になるおもちゃとして、子どもの身近に置くとよい。

(5) 図鑑

乗り物図鑑、動物図鑑、植物図鑑、昆虫図鑑、恐竜図鑑など図鑑の種類はさまざまで、年齢に応じたものが出版されている。絵を見るだけでも楽しく、文字が読めないときは保育者に尋ねてくる。その中から、自分の好きな図鑑を繰り返し開いて知的好奇心を満たし、「○○博士」と

呼ばれるほどに物の名前を獲得していく。

3　指導案例

(1) 手遊び

「あたま・かた・ひざ・ポン」手遊びをしながら体の部位の名称を確かめたり増やしたりする。**図表10-2**を参照されたい。

(2) 伝言ゲーム

話すこと・聞くこと（伝える）のどちらもが大事であることを体験する。**図表10-3**を参照されたい。

(3) かるたつくり

伝統的な遊びを通してひらがなの読み書きに興味をもたせる。**図表10-4**を参照されたい。

(4) パネルシアター

暗い部屋、ブラックライトがつくる世界が子どもを物語の世界に誘う。準備が成否を決める。**図表10-5**を参照されたい。

図表10-2　「手遊び」の指導案例

6月	○日	○曜日	保育者名	○○○○
3歳児		○○組		18人（男児　○人　/女児　○人）

子どもの姿	・歌や手遊びが好きな子どもが多い。 ・「これなあに?」「なんていうの?」と質問し知りたい欲求が高まっている。	主な活動	手遊び「あたま・かた・ひざポン」をする。
		ねらい	友だちと一緒に手遊び歌を楽しむ。
		内容	・リズムに合わせて体を動かして遊ぶ。 ・体の部位にタッチして名前を知る。

時間	環境の構成	予想される子どもの活動	保育者の援助・配慮
0 15	保育者の前に半円で並ぶ 2人組でやってみる	●手遊び「あたま・かた・ひざポン」をする。 ・体の部位の名前を当てて遊ぶ。 ・保育者の動きに合わせていっしょに遊ぶ。 ・いろいろな部位をタッチする。 ・友だちにタッチや手をたたくところを握手に変えて楽しむ。	・「頭」「肩」「ひざ」など誰もが知っている部位を尋ねる。両手でタッチして、次の手遊びへつながるようにする。 ・保育者が歌って踊って見せる。 ・目、耳、鼻、口のほかに、へそ、おしり、ひじ、ほほ、あごなど体のいろいろな部位を知らせていく。 ・少しずつやり方を変えて、自然に友だちとの関わりができるようにする。

出典：[田中、2011] を参考に筆者作成

図表10-3 「伝言ゲーム」の指導案例

6月	○日	○曜日	保育者名	○○○○	
5歳児		○○組	25人(男児 ○○人 /女児 ○○人)		

子どもの姿	・仲の良い友だちができて、一緒に好きな遊びをしている。 ・いろいろな友だちと遊べるように、ふれあい遊びや言葉遊びに取り組んでいる。	主な活動	「伝言ゲーム」をする
		ねらい	・ゲームを通して、友だちと伝え合う楽しさを味わう。
		内容	・ルールが分かって、チームで協力して言葉を正確に伝え合う。

時間	環境の構成	予想される子どもの活動	保育者の援助・配慮
0	(図)	●伝言ゲームをする。 ・ルールを聞く。 ・先頭の子どもが保育者から言葉を聞く。 ・小さな声で後ろに伝える。 ・後ろの子どもが伝わってきた言葉を発表する。 ・発表した子どもが先頭になる。 ・繰り返して遊ぶ。 ・話し合いをする。	・伝言ゲームに興味を持つように、楽しく説明する。 ・チームによって大きな差が出ないようにチーム分けをする。(5～7人程度) ・並ぶ順番は子どもが決めてもよい。 ・単語→二語文→短文へと変えて意欲をつなげる。言葉にテーマをもたせて「遊び」「動物」語句を広げることもできる。 ・うまく伝わらなかったチームとそのわけを話し合って援助する。 ・先頭役を交代して全員ができるようにする。 ・楽しかった感想や気を付けたことなどを伝え合う。
20			

出典：[田中, 2011] を参考に筆者作成

図表10-4 「かるたつくり」の指導案例

12月	○日	○曜日	保育者名	○○○○	
5歳児		○○組	25人(男児 ○○人 /女児 ○○人)		

子どもの姿	・ひらがなを読んだり書いたりして、文字に興味を持っている子どもが多い。 ・自分たちでお話を考え、紙芝居や絵本を作る姿も見られる。	主な活動	「かるたつくり」をする
		ねらい	言葉や文字に興味を持ち、イメージを持ったり絵にかいたりしてかるたづくりを楽しむ。
		内容	あいうえお順にみんなで言葉を考え、かるたを作る。

時間	環境の構成	予想される子どもの活動	保育者の援助・配慮
0		●初めに「あ」がつく、「い」がつく言葉集めをする。	・「あ」で始まる、「い」で始まる言葉を子ども達から引き出して、ひらがなに興味を持てるようにする。 ・見本のカードを見せながら行う。
5	・フェルトペン ・カラーペン ・読み札、絵札のカード	●かるたを作る。 ・話を聞く。 ・短い文を考えカードに書く。 ・別のカードに、絵を描く。 ・できたかるたをみんなに見せる。 ・かたづけをする。	・かるたつくりをすることを伝える。かるた取りの経験を聞く。 ・好きな文字を聞いて、カードにひらがなと絵を描くことを伝える。 ・○に選んだひらがなを書いて、続きの文を書くように伝える。 ・書けないひらがなは、薄く鉛筆書きをしてなぞるようにする。 ・読み札に書いたことを絵にするように伝える。 ・「わたしは、『あ』のかるたを作りました。」で話し始めるようにする。 ・楽しいかるたができたことをほめて、次回のかるた遊びへの期待を高める。
45			

出典：[田中, 2011] を参考に筆者作成

図表10-5 「パネルシアター」の指導案例

12月	○日	○曜日	保育者名	○○○○	
4歳児		○○組	28人(男児 ○ 人 /女児 ○ 人)		
子どもの姿	・クリスマスの月になり、ツリーを飾るとサンタクロースのことを話題にする子どもがいる。 ・紙芝居や読み聞かせには、興味をもって楽しんでいる。		主な活動	「パネルシアター『クリスマス』」をする	
			ねらい	・しかけを楽しみ、歌や応答でみんなでお話の世界を作る。	
			内容	・自分の経験や感想を話し合う。 ・パネルシアターを楽しむ。	
時間	環境の構成		予想される子どもの活動	保育者の援助・配慮	
0 10 30 40	●前日には、ブラックライトやシアター台、貼り付ける物などを点検準備しておく。		●保育者の周りで話を聞く。 ・クリスマスの思いを聞く。 ●パネルシアターを見る。 ・パネルシアターが見えるように座りなおす。 ・いっしょに歌を歌う。 ・演じ手の問いかけに答えたり、登場人物を呼んだりする。 ●感想を話し合う ・面白かったところ、クリスマスへの思いなどを話す。	・全員が集まるまで、歌を歌ったり手遊びをしたりする。 ・クリスマスの楽しみを聞く ・パネルシアターについて話をする ・それぞれの席を確認したら、電気を消してパネルシアターを始める。 ・演じ手も保育者も子どもといっしょになって楽しく歌う雰囲気を作る。 ・保育者は伴奏、効果音、演じ手、子ども担当として連携してシアターを進める。 ・シアターが終わったら、余韻を楽しむために少しずつカーテンを開けて光を入れる。	

出典：[開、2012] を参考に筆者作成

【参考文献】

田中亨胤監修、山本淳子編著『実習の記録と指導案──0〜5歳児年齢別実習完全サポート：記入に役立つ保育がわかる：部分実習指導案と連動した遊びつき』ひかりのくに、2011年

ニューズウィーク日本版編集部『0歳からの教育 知育編』（ニューズウィーク日本版別冊）CCCメディアハウス、2017年

開仁志編著『保育指導案 大百科事典』一藝社、2012年

三浦光哉編著『5歳アプローチカリキュラムと小1スタートカリキュラム── 小1プロブレムを予防する保幼小の接続カリキュラム』ジアース教育新社、2017年

無藤隆・汐見稔幸・砂上史子著『ここがポイント！ 3法令ガイドブック──新しい「幼稚園教育要領」「保育所保育指針」「幼保連携型認定こども園教育・保育要領」の理解のために』フレーベル館、2017年

〔カセット〕増田良子編『わらべうたで遊ぼう』一光社、1899年

（野川 智子）

第11章　0歳～2歳児の保育と実践

第1節　乳児期の言葉

1　新生児期（生後1カ月）の特徴

　0～2歳児の言葉の育みは発達をふまえた関わりが大事である。本章では、言葉の発達に添って事例を挙げ、保育のポイントを考察していく。
　目はぼんやりと見える程度だが、耳は小さい音も聞こえる。自分の意思で身体を動かすことはできず、特徴的な泣き声で欲求を表す。授乳・睡眠・排泄(はいせつ)などが中心の生活で一日中、大人の世話を必要とする。

> 〔事例1〕
> 　赤ちゃんはとにかくよく泣く。お母さんは抱っこして「おっぱい？」「眠い？」「おしっこかな」と話しかける。授乳の途中で寝てしまうことがあり、その顔は「ニー」と笑っているよう。
> 〔事例2〕
> 　わき腹を「こちょ、こちょ」とくすぐっても、腰を横に少し曲げクールな表情、笑わない。「くすぐったくないの？」

◎保育のポイント

▶事例1　寝ているときや、授乳の後などのここちよいときに見られる「笑い」は、実は「原始反射」であり、意識した笑いではない。「かわいい」「笑った」などと語りかけると赤ちゃんは喜び、楽しいときや嬉しいときの、意識的な笑顔（社会的微笑み）を見せるようになる。泣くことは自己主張である。状況や、表情、しぐさなどに応じて、だっこや語りかけによって安心感を与える。

▶事例2　くすぐったのに、なぜ笑わなかったのか。この時期、口腔(こうこう)はまだ、うまく息を吐けない構造である。そのため、新生児期は笑い声が出にくく、泣き方は鼻呼吸の規則的なものとなる。

2　1カ月から3カ月

首が座り始める。口腔のつくりも変わり、息を口から吐くことができ来るようになる。喉(のど)の奥から発声する「クーイング」がみられる。

〔事例3〕
　突然「ア～！」「ウー！」の声に「あら、Kちゃん発声練習」と語りかけると、「アーア～」「ウ～ウ～」と、声出しを楽しむ。
〔事例4〕
　子どもと目を合わせ、「Sちゃん♪、Sちゃん♪、どこでしょうー」「アバアバババー」とあやす。すると、突然「アー、ウー」と声が出た。保育者がびっくりして喜ぶと、Sちゃんもびっくり笑顔。

◎保育のポイント

▶事例3　子どもは口腔の構造が変化し、いろいろな声が出せるようになると、声出しを楽しむ。保育者はその環境を整えてやるのが役目である。

▶事例4　クーイングや社会的微笑は、スキンシップや語りかけによる充足した心地よさの中でおこる。語りかけは、子どもをよく観察して、感情や興味に合わせ、声の調子やリズムにも注意して行う。

3　3カ月から6カ月

人の区別がつき、知っている顔を見ると喜ぶ。話しかけに対し、「ブーブー」などと喃語(なんご)で返す。喃語は、母音(ぼいん)に加えて子音が入る。5カ月を過ぎると聴覚は大人と同等になり、音のする方向に向かって声を出す。

〔事例5〕
　「おはようございます」担任が入室して来た。Aちゃんはニコニコ顔でそっちを見る。「Aちゃん、おはよー」と声を掛け、抱っこ。Aちゃんは「バァバァー」と嬉しそう。「バァバ～ね？　うん、ははは」と笑みを返すと、安心してまた遊び出した。

〔事例6〕「おむつ交換しまーす」
　「おむつ、とりかえますよ～」「Kちゃんごきげんですね～」と、おむつを交換しながら話しかけます。ごきげんなKちゃんは、両足で保育者のお腹をポンとけります。「元気！　元気！」またポンッ、……楽しいおむつ交換です。

◎保育のポイント

▶**事例5**　子どもは、声や姿で人を見分けている。抱っこや声掛けによる安心感・心地よさで喃語が出る。対話のような楽しさが生まれる。

▶**事例6**　おむつ交換の一場面。子どもは、楽しさや気持よさを体全体で表す。対する保育者は「面白い」「さっぱりしたね」など、子どもの気持ちを言葉にすることで、後の表現力や言葉の発達に大きく影響する。

🌱　4　6月から10カ月児の特徴

　目もよく見えるようになり、探索活動が盛んになる。いろいろな物事に興味を持ち、大人の言葉や行動の、あまね」する。言葉は「ダァダァ」「マンマン」など反復喃語で、強弱や高低が変化する。

〔事例7〕
　「今日は、実家の祖父母がYのお迎えです」と、いつもお迎えに来るお母さんから連絡があった。孫に会ううれしさいっぱいの祖父・祖母がお迎えに。でも、Yちゃんは、じーとにらみ、「だれ？」と硬い表情。「Yちゃん。おばあちゃんですよ」「おじいちゃんもいますよ」と話しかけるが、抱っこされるや「ギャァー！」と火がついたように大泣き。結局泣き泣きおんぶされて帰った。
〔事例8〕
　バギーで庭に行き、保育者が「D君お庭だよ。お外は気持ちいいねぇ」と話しかけると、「ダァダァ」と返事する。ネコが通りかかると、「ダァダァダァ」と興味を示す。「ニャンニャンだ」と言うと、興奮して「ダァダァダァ」を続ける。

◎保育のポイント

▶**事例7**　見知り行動は、見慣れぬ対象やイメージに不安を感じて起こる。行動が起きたら、スキンシップと語りかけで安心させる。さらに、見知りの対象に親しく接することで、「怖くはない」と認識させる。Yちゃんは、母と親しく話すのを見て、祖父母を怖がらなくなった。

▶事例8　子どもは、さまざまな意思や要求を、喃語で表している。保育者は「ブーブー」「ニャンニャン」など連続する言葉で、子どもの好奇心や感情を言語化する。これが、初語(しょご)へとつながっていく。

5　10カ月〜12カ月

　睡眠のリズムが定まり、午睡が２回になる。身体を活発に動かす。興味が、より広がり、手で触れたり口に入れたりする。
　喃語が益々増え、見たり聞いたりした物事を真似する。語彙(ごい)も増え、「マンマ」「ママ」「ワンワン」など、意味のある言葉が出てくる。

〔事例9〕
　保育者がＲちゃんに、「ちょち、ちょち、あわわ」と口に手を当て声を出してみせる。近くのお友だちが「ぼくできる」と、まねをする。そして１人、２人と広がり、「あわわ」の大合唱となった。

〔事例10〕
　公園でベンチにつかまり、周囲をキョロキョロ見回すＥちゃん。木の上で鳴いていたすずめを見つけて「ピッピッ」と指差し、保育者に知らせる。「すずめ？チュンチュン鳴いているね」と返すと、興味深げにすずめを注視する。

◎保育のポイント

▶事例9　大好きな遊びは、１人が始めるとすぐに広がってゆく。保育者は、子どもたちの発達にあった遊びを設定提供し、共感や関わりを言葉・会話に結びつけるようにする。

▶事例10　人とのきずなが深まると、「伝えたい」気持ちが出てくる。自分の興味を知らせるようになる。子ども・人・物のコミュケーション関係は「三項関係」と呼ばれるものである。子どもの「ピッピッ」の中には、「あれはなに？」「なぜ鳴くの？」等、疑問が複数含まれている。言葉を吸収する時期なので、保育者は、手振りや表情なども加えて、やさしい言葉を選んで話かけをする。

第2節 1歳の言葉

1 1歳から1歳半

　歩き始める。遊びがより活発になる。昼寝が1回となり、睡眠が安定する。大人の言うことが分かるようになり、意味のある言葉（一語文）を話す。「自分でやる」が強くなる一方で、大人の様子を気にする。

〔事例11〕
　Sちゃんは、ガラガラと戸を開けるのが大好き。開けるときに必ず、保育者をチラっと見る。

〔事例12〕
　Eちゃんは、絵本が大好き。「リンゴ」の絵を指差す。保育者が「り・ん・ご」と言うと「ご」と返し、「りんごはおいしいねぇ～」と話すと「ねぇ～」と続ける。

◎保育のポイント
▶事例11　大人のまねをすることを楽しく感じ、まねをする。注意されることも増えるので、"チラッ"と確認をする。保育者は目を離さず、危険な物や行動には、「ダメ！」「危ない」と、はっきり伝える。
▶事例12　「りんご」と言うと、「ご」と語尾だけ返す。「ご」と返ってきたら、「りんごは赤いね」などと言葉を補い、会話にする。言葉のやり取りの中で、子どもは対象と名前を一致させていく。

2 1歳半から2歳の特徴

　会話が二語文になる。自分の名前を呼ばれると、返事をする。「こ・そ・あ・ど言葉」を使うようになり、「これは？　これは？」と物の名前を聞きたがる。また、「いやだ　いやだ」の時期に入り、物の取り合いも始まる。

〔事例13〕
　「Uくんのだよー！」と、車をつかみ、Mちゃんを叩くUくん。泣きながらも「Mちゃんの！」と、手を離さず訴えるMちゃん。両者譲らず、車の取りっこ。保育者が「同じ車あるよ」「これもカッコいいよ」と言っても、「いやだー、いやだー」と取りっこは続いた。

〔事例14〕
　給食の時間。Ｉちゃんは、食べ物に興味しんしん。今日も食べながら「これは？」「これは？」と尋ねる。保育者は、「にんじん、あまいよ」「ひじきだよ、海の岩のところで取れるのよ」と答える。Ｈくんも聞いてくる。「これは？」保育者が「油揚げ。豆腐の仲間だよ」と答えると、「ふーん」とうなずき、パクンと食べた。給食の時間は会話の場でもある。

◎保育のポイント

▶事例13　取り合いのときには、まず２人を分けてケガがないようにする。落ち着いたら他の保育者の協力も得て、２人が納得するように仲立ちする。感情を言葉にすることが未熟なので、話をよく聞くことが重要である。原因を見つけ対処する。子ども達に相手の気持を考えることや、遊びのルールなどを教える機会である。

▶事例14　子どもは食べ物に対し、五感すべてで興味を持つ。保育者は、子どもがイメージを言葉にするのを助けるよう、丁寧に答える。

第3節　2歳の言葉

1　2歳〜2歳半の特徴

　２語文を使い、自分の思いや周りのことを話すことができる。イメージする力が強くなり、オオカミ・鬼・トロルなどを「怖い」と思いつつも興味を持つ。絵本の中の言葉をまねする。好きな歌を一緒に歌う。

〔事例15〕
　子どもたちは、オオカミが出て来る話が大好き。今日も「三匹の子ブタ」の話にのめり込み、庭で「オオカミごっこ」が始まる。保育者がオオカミ。「ガォー、食べちゃうぞ」と叫ぶと、「きゃー」と逃げまわる。Hくんが「こっち」と手招きすると、みんな身を寄せる。保育者が「入れて」と言うと、「ヤダよー！」と大声。でも、Uちゃんは「いいよー」と優しい。

〔事例16〕
　巧技台からのジャンプにチャレンジするFくん。初めは保育者と一緒。その後、「先生見ていてー」、「見てるよ」と見守る。一人で「ピョン」と跳べ、嬉しくてニコニコ。「F君頑張ったね」。褒めると、自信がついて繰り返し跳んでいた。

◎保育のポイント

▶事例15　子どもに絵本を読み聞かせるときは、イメージに合う声を加えると、話に集中する。イメージを共有すると、ごっこ遊びが始まる。

▶事例16　身体を使う遊びは、チャレンジするスリルや成功時の達成感があって楽しい。保育者は安全に注意して見守り、言葉を掛け、励まし、できたときは共感し、繰り返しも認める。

2　2歳前半から2歳後半の特徴

　急速に語彙が増え、理解力も高まり、3語以上の多語文を話すようになる。好奇心が旺盛になり、「これ、なあに？」「なんで？どうして？」などの質問を繰り返す。話の中に、「長い短い」「大きい小さい」「高い低い」や、「ちょっと」「とても」「いっぱい」などの比較表現が入る。

　また、「○○だから〜こうなる」と因果関係を考える。自分から名前や年、家族のことなどを話す。挨拶が習慣化する。

〔事例17〕
　野原まで散歩。広い野原の中で、虫を探すKくん、ピンクのお花を摘むTちゃん、かくれんぼを楽しむDくんSくんたち……。遊び疲れて、クタクタで帰ってきた。園に着くや靴箱の前で座り込み、口々に話す。「疲れたー」とDくん、「もう動けない」とSくん、「いっぱい歩いたからだよ」とTちゃん。

〔事例18〕
　散歩のとき、Tくんが言いました。「なぜ、お月さまはいないの？」「ママと歩く時はお月さまいるけど」……。

◎保育のポイント
▶ 事例17　子ども達どうしの会話の中に、なぜこうなるかという因果関係が出てくる。
▶ 事例18　好奇心が盛んになり、「なぜ？どうして？」と疑問を持ち、人に聞く。自分の知識、経験との違いを確認している。保育者は分かりやすく回答し、分からないときは一緒に調べる。

　子どもの発達には、乳幼児期に人との愛情ある関係の中にあることが大事である。だっこの心地よさや、語りかけによる安心感、信頼関係は豊かな人間性の芽を育てるものである。
　2017年告示の「保育所保育指針」では、第2章に「1歳以上3歳未満児の保育に関わるねらい及び内容」が加わった。そこでは、領域「言葉」の「内容」として、以下のように示されている。

保育士等の応答的な関わりや話しかけにより、自ら言葉を使おうとする。
　→（イ）内容・①＞エ-言葉＞(2)ねらい及び内容＞2-1歳以上3歳未満児の保育に関わるねらい及び内容＞第2章

　ここで言う「応答的な関わり」とは、言語でないコミュニケーションとしてのしぐさ、表情なども含めて、言語表現の未熟な子どもと交わることであり、そのためには、愛情ある関わりから生まれる信頼関係が根幹となる。

【参考文献】
今井和子『子どもとことばの世界 ── 実践から捉えた乳幼児のことばと自我の育ち』ミネルヴァ書房、1996年
川原繁人『音とことばのふしぎな世界 ── メイド声から英語の達人まで』岩波書店、2015年
サイモン・イングス、吉田利子訳『見る ── 眼の誕生はわたしたちをどう変えたか』早川書房、2009年
谷田貝公昭監修、谷田貝公昭・廣澤満之編『実践 保育内容シリーズ 言葉』一藝社、2014年
谷田貝公昭編集代表『新版 保育用語辞典』一藝社、2016年
山口創『幸せになる脳はだっこで育つ。── 強いやさしい賢い子にするスキンシップの魔法』廣済堂出版、2013年

（川本　榮子）

第12章 3歳～6歳児の保育と実践

第1節 絵本、幼年文学（児童書）を通して

1 絵本との出会い

　3歳児以上になると、幼児期に入り行動範囲や人間関係も広がり、新しい言葉に出会う機会が多くなってくる。ここではまず、子どもが絵本や幼年文学（児童書）を通して育んでいく姿を考えてみよう。

　乳児期から絵本に親しんでいる子どもは、絵本を眺めているだけで楽しむ姿が見られる。絵本は言葉と絵の芸術作品である。絵本にこめられた作者の言葉や絵が、読み手を通して聞き手に伝わっていくのである。

　子どもにとっては言葉を覚え、知識を得るという概念ではなく、言葉のおもしろさや絵、そして絵本の世界を楽しみ、堪能するひとときになっている。

〔事例1〕（3歳児）
　降園時、読み聞かせの本は、『もこもこもこ』（谷川・元永、1977）であった。まず始めのページの「もこ」という絵本の言葉に、子どもは興味を持つ。最後まで終わった後、「もこ」と子どもから言葉が出る。周囲にいる子どもからも「もこ」と始まる。周囲の子ども達も、「もこ」「もこ」「もこ」と言葉を繰り返す。その後「もう一回読んで」と読み手のところに来る。

　言葉のおもしろさに魅せられた子どもが、「もう一度見たい」とリクエストをする。読み手も、絵と言葉の調和に思わず引き込まれる。言葉の楽しさに出会うことは、子どもにとって重要な学びの時間であり、こ

の楽しさを、保育者や友達と共に、楽しむ経験が「言葉を使って話をしたい」という心につながるのである。

2 話の世界から共通の経験へ

幼年文学（児童書）は、5歳以上向きと対象が記載されていることが多い。読み聞かせの時期として、5歳頃からがよい。絵を見ながら楽しむ本と異なり、耳から入る話を想像しながら感動へとつながる。幼児期は、朗読、素話(すばなし)等にも出会わせたい。

〔事例2〕（5歳児）

年長児のクラスで『ロボットカミイ』（古田・堀内、1970）の朗読の時間があった。卒園間近1月半ばから始まり、毎日降園時に保育者が数ページ読み、2月には話の最後を迎えた。子ども達は帰りの朗読を楽しみにしており、家庭でも話題が出ていると、母親からの報告もある。

読み終わって数日たったある日、回収教材の中から段ボールを持ってきたA男たちが、「ロボットカミイを作ろう」と本の内容と同じ体験をしようと試みる。挿絵と同様のものを作ろうと男児2名と、サイズが合った段ボールを積み上げる。「目の部分はビー玉なのでビー玉はありますか」と、保育者のもとに来るなど3名の男児は、話に添った展開にこだわっていた。

クラス全員の話し合いの結果「ロボットカミイ」は、卒園式まで保育室で共に過ごすことになった。「27人だったクラスは友達が一人増え、28人になりました」と、卒園式の感謝の言葉（答辞）を決める話し合いで意見として出てくる。

この事例は、卒園間近の子どもの心の中に、お話が共有された事例である。本の世界を共有する喜びが、子どもの中からあふれている。

第2節 言葉遊びの過程から

1 言葉遊び

幼児は、保育者との会話のやり取りから言葉を獲得していく。楽しい

会話の中に始まる言葉遊びは、子どもが興味を持ちながら言葉に親しむ優れた活動である。

〔事例3〕（3歳児）
　4、5歳児対象に、保育者が言葉で遊ぶ時間を設けていた。15名いる保育室の中で保育者から声を掛ける。
　保育者：「おーちた、おちた」（節をつけて子どもに声を掛ける）
　子ども：「なーにが、おちた」（同じ節で子どもが真似をする）
　保育者：「アイスクリームが落ちてきた……」（アイスがある雰囲気を出す）
　　※落ちて来たもののポーズをする。
　子ども：「チョコレートアイス。チョコレートが好き」
　子ども：「いちごのアイスだよ」
　子ども：「○○ちゃんねー。この前、アイスを食べたんだ」

　子どもが「落ちてくるもの」を想像し、その答えによって会話が広がる。子ども自身が考えた言葉が引き出された場面である。言葉遊びがきっかけになり、主体的な関わりが生じてくる。

2　わらべうたと遊び

　わらべうたは、日本語と深く関わっていると言われている。日本語の持ついくつかの諸要素（リズム、音程、イントネーション、アクセント）がそのまま歌の中に含まれている。言葉に親しむ幼児にとってわらべうたからの影響は大きい。

　例えば、「だるまさん、だるまさん、にらめっこしましょ、わらうとまけよ、あっぷっぷ」というわらべうた遊びがある。地方によっていろいろなメロディーや歌詞が伝えられており、多くは「にらめっこ」と呼ばれ、親しまれている。この中の「わらうとまけよ」の部分に、この遊びの楽しさやルールが紹介されている。言葉と歌、そして身振りがすべて備わってこの遊びが伝えられていく。

　「にらめっこ」の遊びのルールを口答で説明するより、歌を通して子どもは理解していく。遊びの中で伝えられる言葉の環境である。

第3節 言葉と表現

1 子どもの発想と言葉

　自分の思いを言葉で表す経験が少ない子どもは、自分から話をする場面に戸惑いを見せる。言葉に親しむ経験として、保育者がさまざまな環境を設定する機会がある。

〔事例4〕（4、5歳児）
　保育者が、画用紙に好きな絵を描くように伝える。7名で円形になり、初めに、話す子どもが自分の絵を見ながらイメージした創作の話（1〜2文章）を披露する。次の子どもは、前の子どもが話した内容に、自分の絵のイメージを加えるように話をする。
保育者：「A子ちゃんからお話をどうぞ」
A：「女の子がいました。女の子は散歩をしていました」（女の子の絵）
B：「えーっ、どうしよう。じゃあ、女の子はいちごを見つけました。その子はいちごが好きでした」（イチゴの絵）
C：「そこへ、蛇がやってきました。蛇は女の子といちごを食べようとしました」（蛇の絵）

（筆者提供）

　子どもは、自分の絵のイメージそのままを話しながら、前の場面とつなげようとしている。中には、奇想天外な展開にしようと考えている子どももいる。慣れない初期の頃は、話が発展しない傾向もあるが、次第に目の前の描画の説明だけでない発想も見られる。
　保育者は、子どもが話をつくる過程で、どう自身の言葉で表現しているのかを受け止め、話したい気持ちに寄り添うことが重要である。

〔事例5〕(4、5歳児)

保育者がピアノを弾きながらオリジナルの歌を歌う。

保育者：「♪アイスをペロペロあいうえお……
　　　　こんな歌がもっとたくさんできるといいね」
子どもA：「♪へびがにょろにょろはいふへほ」
子どもB：「♪くるまがはしるよかきくけこ」
子どもA：「♪いかとりいったよあいうえお」

(筆者提供)

「4、4、5」のリズムに合わせて、子どもが言葉を生み出している。子どもが生活をしている中で感じたことや見たことが、そのままリズムを伴った言葉として表れている。言葉を引き出すきっかけは、生活のいたるところにある。

2　絵本、お話作り

子どもが興味を持つ遊びの中に絵本作りがある。話をつくることが楽しくなり、その先に、保育者や友達に見せたいという気持ちが、わき出てくる。物語調の絵本等の作品作りが遊びとして親しまれているが、それ以外にも広げていきたい。事例6は、デジタルカメラで撮影した写真を、基に子どものつぶやきを本として作成した事例である。

〔事例6〕(4、5歳児)

子どもがデジタルカメラを持参し、子ども目線で、園外保育で自然物を写真に収め、写真を自身でレイアウトし、感じたつぶやきを書いた。

(筆者提供)

第12章 ● 3歳〜6歳児の保育と実践　　101

子どもが自然をどう見て、何に焦点を当てているか等、体験によって引き出された表現は子ども自身の言葉になって表れる。文字に興味を持つ時期であることも刺激となり、さまざまな表現が出てくる。保育者は多様な環境を用意し子どもの興味、関心に働きかけることが重要である。

（筆者提供）

第4節 集団の中で

1 自分で伝える

集団生活の中で、子どもは自分の気持ちを相手に伝える場面に遭遇することがたくさんある。保育者は、その子の心の奥に隠れている気持ちをくむ努力をしながら保育に取り組んでいきたい。

〔事例7〕（5歳児）
　砂場で3人の子どもが穴を掘っている。Aは、そばで、保育者のTシャツのすそをさわりながら、しばらく見ている。穴の中にBが水を入れはじめ、遊びに変化が出はじめる。
　B：「イェーイ。ワーッ、スゴイ」
　A：「私は手伝わないよー。エヘヘヘ……」
　D：「あっ、いいこと考えた。そこにも穴を作らない？」
　B：「いいね、いいね」
　A：「私は入っていないもん。手伝わないもん」（保育者のそばにいる）
　D：「早くー、水の人持って来てー」
　A：「皆、サンダルはいていないね。私もサンダル脱ごうかな」
　保育者：「サンダルを脱ぐと気持ちがいいよね」
　A：「入れてー先生、入れてーバイバイ」と言いながら仲間に入る。

（筆者提供）

Aは、遊びに参加したかったが迷っていた。保育者がそばにいたことの安心を得ながらも、仲間に入りたい葛藤があった。保育者は、Aの言葉をそのまま受けて「仲間に入ろう」等の声は掛けず、様子を見ていた。Aが自分から声を掛けることを待っていたのである。

　子どもが、自分の言葉で伝えようとしているタイミングに気付くことは難しい。しかし、子どもと一緒に共に生活をしている保育者だからこそ分かる一瞬があるはずである。子どもは、保育者の言葉に支えられて一歩踏み出せるのである。

2　集団の中で育つ

〔事例8〕（3歳児・5歳児）
　3歳児A、5歳児Bが、隣りどうしで一緒に、いも掘りをしている。
A：「なんか、においがするよ」
B：「んっ？　なんのにおいがするの？」
A：「んー……なにかな？」
B：「これ、土のにおいだよ」
A「土、なんで？」
B：「おいもは、土から、出てくるんだよ」
A：「ふーん、すごいね」

（筆者提供）

　Aは、自分の疑問を、Bに質問した。Bは、年上としての意識もあり、Aの疑問を受け止めている。言葉を通じて心も通い合い、両者が芋掘りともうひとつの楽しさを共有している。保育者は、このような子どもの何げない会話、言葉に気づく必要がある。

　子どもどうし、少人数で意見交換をする場、または、集団全体で話し合う場がある。トラブル時、保育者が仲立ちをしながら進める場合もあるだろう。意見交換といえどもなかなか相手の話を聞かず、自身の主張

に終始してしまうことも少なくない。発達段階によっては、保育者がどこまで子どもの意見の橋渡しをするか、または、子どもどうしで考える時間、葛藤する時間を、しっかり支えていかなければならない。

　話し合いは友達のさまざまな考え方を得る機会にもなり、自分と異なる意見にも出会うことができる。そこから、人との違いを見いだし、自分の意見を振り返るきっかけにもなっている。

　また、そのような話し合う場に慣れていく必要性もある。子どもの頃の話し合い体験の積み重ねは、人と話し合いを設けることの大切さに気付く心を育てる。

　保育の実践の中で、子どもの豊かな表現に出会うことが多い。保育者は、子どもの言葉の背後にある"思い"、"気持ち"に気づく努力をしながら、保育者自身も豊かな言葉を身に付けていくことが大切である。

【参考文献】
　岡田明編『改訂 子どもと言葉』(新保育内容シリーズ) 萌文書林、2000年
　佐藤志美子『心育てのわらべうた』ひとなる書房、1996年
　谷川俊太郎作、元永定正絵『もこもこもこ』文研出版、1977年
　古田足日作、堀内誠一絵『ロボット・カミイ』福音館書店、1970年
　無藤隆監修、高濱裕子編者代表『事例で学ぶ保育内容　領域言葉』 萌文書林、
　　2012年

（田中 君枝）

第13章 小学校との連携

第1節 連続性のあるカリキュラム

1 幼児教育と小学校教育の接続

　幼児教育と小学校の接続について、幼稚園教育要領は「第1章　総則」、保育所保育指針は「第2章 保育の内容」、幼保連携型認定こども園教育・保育要領は「第1章　総則」に、いずれも次のように明記されている。

> 　小学校以降の生活や学習の基盤の育成につながることに配慮し、幼児期にふさわしい生活を通して、創造的な思考や主体的な生活態度などの基礎を培うようにするものとする。
>
> 　　　　「教育要領」第1章〈総則〉第3・5
> 　　　　「保育指針」第2章〈保育の内容〉4-(2)
> 　　　　「子ども園教育・保育要領」第1章〈総則〉第2・1-(5)　より

　2017（平成29）年度には、「幼稚園教育要領」「保育所保育指針」「幼保連携型認定こども園教育・保育要領」の3法令が、同時に改訂・改定された。これは、幼稚園も保育所も幼保連携型認定こども園も、幼児教育施設として同等に位置づけられたことを意味する。そして、どの施設においても、同じ視点で小学校への接続が目指されているということがわかる。
　そこで求められている「小学校以降の生活や学習の基盤」とは、具体的にどのようなものなのであろうか。幼稚園教育要領等の中に書かれている「幼児期にふさわしい生活を通じて、創造的な思考や主体的な生活

態度などの基礎」という言葉からわかるように、それは遊びなどの体験に基づいた、資質、能力に関わる創造的な思考や、「やってみよう」と子ども自ら感じて取り組むような主体的な態度を養うということである。小学校教育の先取りのようなことや入学に向けた細かいスキルやマナーの習得を意味するものではない。あくまでも、幼児期にふさわしい生活と教育の在り方を通して、進めていくものと考えられている。

　幼児教育と小学校教育では、学びのアプローチの仕方に違いがあることは確かであるが、しかし、子どもの発達が切り離されているわけではない。その連続した子どもの育ちをどう保障していくのかということは、接続を考えるうえで、最も大切なところであろう。

(1) 資質・能力の3つの柱

　2017年の改訂・改定では、幼児教育において育みたい資質・能力の整理が行われた。「資質・能力」は、幼児教育後も小学校、中学校、高等学校での教育を通して伸びていくものである。今回その「資質・能力の3つの柱」が示され、幼児教育と小学校以上の学校教育で共通する力の育成をすることが明確になった。つまりそれは、乳幼児期から小学校以上の長いスパンでの連続性が、より意識されるようになったということである。

(2) 幼児期の終わりまでに育ってほしい姿

　接続期の具体的な姿をわかりやすく示すものとして「幼児期の終わりまでに育ってほしい姿（10の姿）」が示された。これは、5領域の内容を整理して5歳児の後半くらいに出てくると思われる姿を示したものである。保育内容「言葉」の領域に関わるものとしては、以下のような姿が示されている（引用は、幼稚園教育要領「第1章」第2-3-(9)より）。

言葉による伝え合い
　<u>先生</u>や友達と心を通わせる中で、絵本や物語などに親しみながら、豊かな言葉や表現を身に付け、経験したことや考えたことなどを言葉で伝えたり、相手の話を注意して聞いたりし、言葉による伝え合いを楽しむようになる。

※下線部は、「保育指針」では、「**保育士等**」(第1章〈総則〉4-(2)-ケ)、「子ども園教育・保育要領」では、「**保育教諭等**」(第1章〈総則〉第1-1-(3)-ケ)

小学校では、この具体的な姿を参考にしてスタートカリキュラムを編成することになる。

（3）スタートカリキュラム

小学校の学習指導要領では、1年生の最初に「スタートカリキュラム」を実施することが義務付けられた。スタートカリキュラムとは、小学校へ入学した子どもたちが、幼児教育から小学校教育へと円滑に移行できるように編成されるカリキュラムのことである。

その内容は、「資質・能力」や「幼児期の終わりまでに育ってほしい姿」（10の姿）を発揮できるようにしながら、それを徐々に小学校の授業や教科のあり方に導いていくことが望ましいとされている。

このように、法令により義務付けられることで、幼児教育を引き継ぎながら徐々に小学校教育を始めていくということが、より明確になったのである。

2　小学校までに身につけたい言葉

（1）領域「言葉」のねらい及び内容

2017年度の改訂により新たに加えられた点として、「ねらい」の（3）に「言葉に対する感覚を豊かにし」という部分がある（「幼稚園教育要領」「保育所保育指針」「認定こども園教育・保育要領」共通）。言葉の理解を育む絵本・物語に接すること、保育者や友達と言葉により心を通わせることとともに、言葉の感覚についての記述が入ったのである。

これは、言葉そのものへの関心を促し、言葉の楽しさや面白さや微妙さを言葉遊びや絵本などを通して感じられるようにすることである。そのような感覚が基礎となり、言葉の理解が広がり自然と語彙も増え、コミュニケーションが豊かになっていく。このことは、小学校以降の国語教育の基礎となっていく。

（2）豊かな言葉に触れる活動

新たに加わった文言も含め、幼稚園教育要領や保育所保育指針等から、

小学校までにどのような言葉を身に付けたらよいのか、ということを読み取っていく。

　年長児になったら、小学校を意識するのは大切なことである。しかしそれは「小学校になって困るから、平仮名のドリルを繰り返し練習する」というようなことでは、決してない。それよりもむしろ、遊びや生活の中での言葉を豊かにすることを大切に考えたい。

　それは、領域「言葉」の「内容」の以下の文言から読みとれる。

> (5) <u>生活の中で</u>必要な言葉が分かり、使う。
> ……
> (7) <u>生活の中で</u>言葉の楽しさや美しさに気付く。

　どちらも「生活の中で」（下線は筆者）という文言がポイントである。例えば友達の前で「週末の出来事」を発表したり、帰りの会等で「今日の遊びで楽しかったこと」を友達にわかるように伝えたりすることなどでもよい。カルタ遊びや、しりとりやなぞなぞ遊びをする、替え歌の歌詞を考えて遊ぶというのもよいだろう。

　言葉遊びの要素がたくさん含まれた、リズムの良い絵本がたくさんあるので、それらを利用して言葉の美しいもの、面白いものなどを積極的に取り入れていくとよい。そのような活動を通して、子どもたちの言葉の感覚が豊かになり、自然と語彙が増えていくのである。

　(3) 書き言葉

　字を書くということについても、年長の後半になると興味を持つ子どもが増えてくる。そのチャンスを捉え、生活や遊びの中でさらにその機会を積極的に増やしていきたい。例えば、レストランごっこでメニューが必要だから「カレーライス」「ハンバーグ」「おにぎり」などと書いてみるとか、病院ごっこの場面では、看板が必要だから「びょういん」と書いてみる、診察券を作るために、自分の名前を書いてみる…などである。年賀状の時期に合わせて、郵便屋さんごっこをするのもよいだろう。

カルタ遊びを発展させて、自分でカルタを作ってみるなどという活動も、年長児は興味をもって行う。

こういった遊びの中から自然と文字を書く機会を得ていく。遊びの中で必要に迫られて、子どもたちは書き言葉に興味関心をもち、少しずつ自分のものにしていく。このように、遊びを中心とした幼児期の学びのスタイルを大切にしながら、小学校への連携を考えたいものである。

第2節　教科「国語」との関連

1　小学校学習指導要領の目標と領域「言葉」の目標

小学校学習指導要領の教科「国語」の目標を整理すると、以下のようなことが見えてくる。
〔1〕正確に理解する
〔2〕適切に表現する
〔3〕伝え合う力を高める
〔4〕思考力、想像力、言語感覚を養う
〔5〕国語に対する関心を深め、尊重する態度を養う

これに対して、領域「言葉」の目標を整理すると、以下のようになる（主に「保育所保育指針」の「3歳以上の保育」に基づく）。

> ①生活の中で言葉の豊かさを養う
> ②自分なりの言葉で表現する
> ③相手の話す言葉を聞こうとする意欲や態度を育てる
> ④言葉に対する感覚や言葉で表現する力を養う

この両者を比較すると、共通点としては「表現する」「伝え合う」「言語感覚」などが挙げられるが、そこに差異も見られる。

幼稚園や保育所等ではまず「生活の中で養う」ということが、大前提

とされている。表現については「自分なりの言葉で」と示されている。小学校における表現では「適切に表現する」となっている。ここに違いがある。また、相手の話などを理解するという点についても、幼稚園や保育所等では「聞こうとする意欲や態度」と示されているが、小学校においては「正確に理解する」となっている（●は、いずれも筆者）。

　つまり、領域「言葉」では、幼児の日常的な生活体験の積み重ねによる言葉の獲得が重視されており、「言葉に対する感覚や言葉で表現する力を養う」ことが目標であることに対し、「国語科」では、国語としての日本語教育が主な目標であることがわかる。さらに、領域「言葉」では、話し言葉による表現についての意欲や態度を育てることが目標であるのに対し、「国語科」では文章表現能力、コミュニケーション能力、思考力や想像力、国語を尊重する態度などが目標に加わっている。

　これは、言葉を育てることについてのアプローチの仕方に違いがあることから、当然のことである。座学を中心とした教科学習スタイルではない幼稚園や保育所等においては、子どもの遊びや生活の場すべてが"学びの場"であり、その豊かな体験こそが、言語能力の基礎を育むこととされているからである。そういった豊かな体験から獲得された言葉を、小学校に入ってから体系的に学び直すと考えてもよいだろう。

　幼児期における座学による文字の練習など、子どもの生活と切り離された学習については、十分な配慮が必要であることは言うまでもない。

　一方、小学校の「国語科」では、文字の習得による読み書きの学習が大きな比重を占める。しかしこの学習は乳幼児期に豊かな話し言葉が生活の中でどれだけ獲得されていたかに大きく依存している。したがって、この点は幼稚園や保育所等の教育、保育内容と小学校教育の有効で円滑な接続をはかるうえで、大きな課題といえるだろう。

　領域「言葉」は、小学校「国語科」の単なる「前領域」ではなく、また国語科の下うけ的な存在ではなく、独自性をもっていることを忘れてはならない。

2 スムーズな連携を目指して

　保育内容に、領域の独自性があると述べたが、そのカリキュラムの連続性について無視することはできない。子どもの育ちは、幼稚園や保育所等から小学校へ場を移動するごとに断続的に行われるものではなく、連続的に行わなければならないからである。

　幼稚園教諭や保育士等が、小学校教員と交流することが求められるのであるが、これは、「幼稚園教育要領」「保育所保育指針」「幼保連携型認定こども園教育・保育要領」の3法令すべてに明記されている。

　具体的にはどのようなことなのか。有効だと考えられるものは人事の交流である。1年くらいのスパンで、人事交流を行うのである。しかし、管轄の違いや、それに伴う給与体系の違いなどの問題もあり、現実的にはなかなか難しい。

　それでは、どのような交流が考えられるか。例えば研究交流会を開く、行事などに子どもと一緒に参加し、それぞれの保育内容や教育内容を理解していくなどは、比較的取り組みやすいだろう。その他にも、公開保育、公開授業などの定期的な実施をして、それぞれの実際を学び合う、このように両方の立場から子どもの姿を理解しようとする努力が必要である。

第3節　学力の基盤としての「言葉」

　これまで、領域「言葉」と小学校教科「国語科」の接続について述べてきたが、実は領域「言葉」は、「国語科」だけにつながるわけではない。もちろん「国語科」への接続が大きいのではあるが、それだけでなく、すべての教科等の横断的な学習の充実につながっている。すべての学力の基礎に言語能力が必要なのである。

つまり、領域「言葉」はすべての教科の「学習の基盤」となっているのである。例えば、他教科の実験レポートの作成や、立場や根拠を明確にして議論する場面などをイメージすると分かりやすいだろう。

　領域「言葉」はその後の学力の基礎である。自ら学び、自ら考える力の育成につながっているのである。そしてさらに、それは主体的に判断し行動し、よりよく問題を解決する「確かな学力」や「豊かな人間性」などの「生きる力」につながっているのである。

【参考文献】
　厚生労働省「保育所保育指針」（平成29年告示）
　内閣府・文部科学省・厚生労働省「幼保連携型認定こども園教育・保育要領」（平成29年告示）
　文部科学省「幼稚園教育要領」（平成29年告示）
　文部科学省「小学校学習指導要領」（平成29年告示）

（和田美香）

第14章 特別な支援を必要とする子どもと領域「言葉」

第1節 特別な支援を必要とする子どもの言葉の発達

1 特別な支援を必要とする子どもとは

「特別な支援を必要とする子ども」とは、①障害がある子ども、②パステルゾーンの子ども、③医療的配慮の必要な子ども、④日本語を母語としない子ども、⑤外国の文化をもつ子ども、⑥宗教的な配慮が必要な子ども、極端な貧困状態にある子ども、⑦虐待を受けている、もしくは虐待を受けている疑いのある子ども、⑧セクシャル・マイノリティ(LGBT※等)の子どもなど、文化的・社会的・民族的・性的マイノリティの子ども、および保育現場で特別な配慮を必要とする子どもの総称である。

2 保育所保育指針・幼稚園教育要領が示す「障害のある子ども」への配慮

2018(平成30)年度より施行の保育所保育指針では、指導計画の作成にあたって特に留意する事項として、家庭、福祉、医療等の関係機関と連携して個別の支援計画を作成したうえで、一人ひとりの子どもの発達過程や障害の状態等に応じた指導内容、指導方法の工夫を計画的、組織的に行うことが示されている。

保育者が関係機関の専門職との連携を円滑に進めるためには、専門的知識として子どもの発達過程をふまえたうえで、子どもの実態を把握する必要がある。そこで次項では、0歳からの乳幼児の発達について、言葉の発達を中心に俯瞰する。

※ 「Lesbian」「Gay」「Bisexual」「Transgender」の頭文字。

3　子どもの言葉の発達過程

　ここでは、特別な支援を必要とする子どもの発達のかたよりをアセスメントするための手がかりとして、**図表14-1**に乳幼児発達プロファイルを提示する（次ページ）。この図からは、生活年齢（誕生日からの年齢。chronological age：ＣＡ）に対応した乳幼児の言葉の発達プロセスについて、「言語表出」と「言語理解」の側面から確認できるだろう。

　なお「言語理解」とは、「**意味**」の理解だけでなく、以下を含んでいる。

- ・「**統語**」の理解…語句の組み合わせ方や文法など、文の構造への理解。
- ・「**語用**」の理解…文の意味と、話し手の発話の意味とが異なることへの理解。

　また図表14-1から、こうした「理解」を通じた幼児の言葉の発達と、「対人コミュニケーション」、「状況理解」、「内言語機能・象徴機能」の発達状況がどのように関係しているのかが分かるだろう。

　なお「内言語機能・象徴機能」とは、以下のような機能である。

- ・**内言語機能**…音声や文字を伴わない、言語以前の思考や概念を形成する機能。
- ・**象徴機能**…その場にないものを、別のもので代用して知覚する機能。

　こうした言葉の発達プロセスを、発声器官・構音器官（⇒第2節3参照）といった身体機能的発達の状況と照らし合わせることによって、「なぜ哺乳期の乳児は言語音を発しないのか」「なぜ1歳の半ばを過ぎた頃に語彙爆発が生じるのか」などについて理解を進めることができる。

　2018年施行「保育所保育指針」「幼稚園教育要領」および「幼保連携型認定こども園教育・保育要領」では、領域「言葉」の中で、幼児が「言葉による伝え合い」を楽しめるようにすることを保育者に求めている。

　さらに、「先生や友達の言葉や話に興味や関心をもち、親しみをもって聞いたり、話したりする」（「幼稚園教育要領」第2章「言葉」の「内容」[※]）ことを促す指導を求める記述が新設された。これらの方針のもとに幼稚園・保育所等での活動が進められていく中、言葉の発達に偏りのある幼児は、周囲の人々との間に摩擦が生じ、生きづらさを感じることがある。

※　「保育所保育指針」「幼保連携型認定こども園教育・保育要領」でも、それぞれの第2章のうち、「言葉」の「内容」の箇所で、同様の記述がある。ただし、「先生」は、「保育指針」では「保育士等」、「認定こども園教育・保育要領」では「保育教諭等」。

図表14-1a　乳幼児発達プロファイル

CA 生活年齢	知覚	言語表出	対人コミュニケーション	言語理解	状況理解	内言語機能 象徴機能
0:0	原始反射	叫喚	生理的欲求に伴う反射レベルの発声		触れられることで状況理解	
0:1	追視（動くものを追いかける）	クーイング（泣き声とは異なる声）	情緒的反応の出現（母が来ると泣き止む）		音源注視	動く物・視覚的・聴覚的刺激に対する注視（ガラガラ・母の声）
0:2	両眼で見つめる	喃語				
0:3			情緒的反応の分化（母の拒否に対し泣き・表情で不快を表す）		音源の位置を定位	
0:4	味の嗜好	2音発生の反復喃語	二項関係 言葉かけに喃語で返す		働きかけに対する事態の予測	物の注視 物に対する把握の試み
0:5	人の声の聴き分け	発声遊び			自発的興味・探索行動	物に対する多様な動作の繰り返し
0:6		規準喃語	アタッチメント形成		習慣行動の理解による記号の獲得（手を振ると別れを理解し悲しい表情をする）	物に対する無意図的操作
0:7	隣室・室外の音に振り向く	対象物を獲得するため喃語で要求	人見知り			
0:8	お座りで視野拡大	反復喃語	他者の手の動きの模倣 後追い	単語の分節化	具体的習慣行動・適応行動による記号の獲得（別れる時に手を振る）	遊具に対する関心を伴う小さな操作（短時間の遊び）
0:9	両眼視野がほぼ成人レベル 視力0.2程	両唇音	三項関係			
0:10	ハイハイで視野が拡大	一語音	相手の反応を見るための表現		母の反応を見て、自分の行動を調整	音源の方向に這う、見回す
0:11	視力0.3程（立体的認知）		明確な伝達意図のある提示	幼児語による名称理解	言葉を聞いて行動	物の本来の目的に即した使用（ミニカーを走らせる）
0:12	遠近感や立体感を知覚	初語	試行してできなかったことの援助要求	幼児語による動作・行為理解	日常の単純な行動スクリプト獲得	
1:1		有意味語 3〜9語 一語文				

〔注〕「CA」=「chronological age」（生活年齢）の略。なおこの図表で、「0:5」は生後5カ月、「1:1」は生後1歳1カ月を表す。　　　（筆者作成）

図表14-1b

CA生活年齢	知覚	言語表出	対人コミュニケーション	言語理解	状況理解	内言語機能象徴機能
1:1		一語文				
1:2		有意味語10語以上	断乳	「ダメ」の意味理解		指しゃぶり
1:3		品詞の分化 対象語（ブーブー）				模倣レベルの見立て遊び（敷居を道路に見立て、車を走らせる）
1:4	上下左右の音源の定位	動作語（バイバイ）				
1:5		状態語（イタイ） 要求語（カシテ）	名前を呼ばれ返答			
1:6		二語文	好き嫌いを名言			手遊び
1:7		文と会話段階 語彙爆発	母の援助を拒む	2～3色の理解		ストローの使用 手指の巧緻性（つまむ・ねじる）
1:8			母の作業を手伝う			興味あるものを触り、遊ぶ
1:9						
1:10		「いや」が多い	貸し借りのトラブル			
1:11		分離不安	母が可愛がるものへの嫉妬			自分のものと他者のものとの判明
2:0	視力0.5程	語彙数300程 「何?」が多い	親子間の緊張緩和	助詞の爆発 基本的助動詞 統語構造の発達 動詞類の拡大 疑問詞		象徴遊び 受容遊び
	痛刺激の設定	メロディーを歌う	自分の遊びに熱中			運動遊び 並行遊び
3:0	視力1.0程	パ、バ、マ行、母音の完成 語彙数1000程 三語文		大小の比較概念獲得 形容詞 疑問詞		構成遊び
	触運動覚の発達（ドングリの大小を触覚で判別）	仮定の話をする	言葉・玩具のやりとり 心の理論 経験を話す	接続詞 直示語の獲得		連合遊び
4:0		語彙数1500程 音韻分解	嘘で失敗を隠す		他者の表情、言葉、行動から状況理解	読字への興味（拾い読み）
5:0	視力1.0程	語彙数2000程 音韻抽出 ツ、ズ、サ、ザ、ラ行音の完成	他者との役割分担 他者への羨望を話す 感謝の言葉を受けて喜ぶ	ルールの意味理解 言語的抽象能力	自他の比較	協同遊び 組織的遊び 書字への興味 連想ゲーム しりとり遊び

（筆者作成）

次に、幼児にみられるいくつかの表出言語の特徴を挙げる。

第2節 特別な支援を必要とする子どもの言語発達の特徴と保育の場での配慮ポイント

1 相手の言葉をさえぎって話す

(1) 相手の言葉をさえぎって話す幼児のコミュニケーションの特徴

多くの言葉を話す力は育っている一方で、他者の話を最後まで注意して聞くことを困難とする幼児がいる。こうした特徴を持つ幼児は、相手が話し終わるまで待てず、相手の言葉をさえぎって話し始め、その後は自分の言いたいことを話し続けることが少なくない。言葉のやりとりは、話し手と聞き手とが交互に入れ替わることによって楽しいものとなる。しかし、このような場面では、話し手の幼児は言葉のやりとりをしているつもりであっても、言葉による伝え合いが楽しめる状況には至らない。

4～5歳以降には、連合遊びや協同遊びをするようになり、子どもどうしの会話を楽しむ幼児が多くなるため、相手の話を最後まで聞かない幼児は、友達と打ち解けづらくなる場合もある。

(2) 保育の場での配慮ポイント

注意欠如多動性障害（ADHD※）等、発達障害のある幼児には、短期記憶が弱いために、他者の話を聞いている途中に自分の頭に浮かんだことを、すぐに伝えなければ忘れてしまう傾向がある。加えて、集中の持続時間が短い、常に体の一部を動かしていないと落ち着かない等の特徴が相まって、人の話を最後まで聞かずに話し始めるという姿となって表れる。

「話すこと」は広い意味で「運動」の中に含まれる。したがって、多動性のある幼児は多弁でもある場合が多い。このような幼児は保育者から注意を受けることが多く、自尊感情の低下から他者に乱暴な言葉遣いをする場合もある。一方で、多動性の強いの幼児の中には運動遊び等で得意分野を持つ子どもも多いことから、得意分野を認めてクラスで紹介す

※ 「Attention Deficit Hyperactivity Disorder」の頭文字。

る等の方法で、子どもの自尊感情を育んでいくことが望ましい。

2 独特の言葉遣い・言語理解の特徴

(1) 自閉症の子どもの言葉遣いの特徴

　自閉症の子どもの中には、場の雰囲気や話の文脈に関係なく特定の言葉を繰り返す姿がひんぱんにみられる。その言葉は、アニメキャラクターの名前や、テレビで聞き覚えたキャッチフレーズ等である。これは常動行動のひとつであり、本人は好きな言葉を発することによって不安を取り除き、心のバランスを保持しているのだという当事者もいる。その他に、他者が話した言葉をそのまま繰り返すオウム返し（エコラリア）もみられる。

　自閉症スペクトラム、あるいは、パステルゾーンの子どもの中には、生活年齢に照らすと背伸びをしているように感じられる、大人びた言葉遣いをする姿が見られる。その一方で、「ちょっと待っていて」の「ちょっと」等の曖昧な言葉の意味を理解することが難しく、それが原因で他の子どもとトラブルを起こすことが少なくない。これには、自閉症の幼児の発語数と言語能力の発達のアンバランスが関係している。

(2) 自閉症の子どもの言語理解の特徴

　4歳頃になると、多くの幼児には他者の心情を察する力（心の理論）が育つ。例えば、心の理論を獲得した幼児が保育者から「プールの水を見ていてね」と言われた場合には、プールが水で満たされた時点で水道を止める。しかし、心の理論をまだ持たない子どもは、仮にプールから水があふれた場合にも、保育者が次の指示をするまでプールの水を見ていることがある。心の理論の獲得後には、直示語の獲得がそれに続く。直示語とは、発話される場面によって示す内容が決まる表現であり、例えば人物を指定する「私」や、時間を指定する「今日」、場所を指定する「ここ」などがある。

　自閉症スペクトラムの子どもは、心の理論の獲得が学齢期以降となる場合が多い。それに伴い、視点の移動が必要となる直示語についても、

幼児期における理解は難しくなる。

(3) 保育の場での配慮ポイント

質問をすると、そのまま質問をオウム返しする幼児には、《質問を聞く → 回答する》を盛り込んだ遊びを楽しむとよい。自閉症の幼児は、安心して行える活動の繰り返しを好む傾向がある。保育の場では、トレーニングという意味合いではなく、個々の特徴を生かして保育者と幼児とがやりとりを楽しむ中で、言葉の発達を促していくことが望ましい。また、言葉を字義どおりに理解する幼児に向けては、「ちょっと待ってね」から、時計の絵等の視覚的な提示方法を用いて、「長い針が6に来るまで待ってね」といった、具体的な表現で示すと幼児が理解しやすくなる。

3　構音障害

(1) 構音障害の特徴

構音障害とは、語音を正しく発音することができない状態を指す。子どもが発音する語彙については、両唇鼻音の/m/や、両唇破裂音の/p/、/b/などが早期に出ることから、「ママ」や「パパ」が初語になることは多い。その後、一語文期には軟口蓋破裂音の/k/を伴う「ココ」などが、生起する。図表14-1「乳幼児発達プロファイル」に示したように、口腔内の舌や歯等の構音器官の成長発達に伴って、子どもは発語数を増やしていく。比較的、構音操作が複雑な歯茎摩擦音の/s/や、破擦音の/ts/、弾き音/ɾ/については、幼児期の後半に獲得が進むのが一般的である。構音障害にみられる誤り方の特徴には、「先生」を「テンテイ」に置き換える「置換」や、「花火〔hanabi〕」を「アナビ〔anabi〕」と発音する「省略」、日本語にはない音として発音する「ひずみ」がある。

就学期前後には、大多数の幼児が日本語をほぼ正しく発音するようになる。そのため、年長児クラスの幼児が「テンテイ」と発音することによって他の子どもからからかわれ、自信を失う場合もある。構音の発達には個人差があり、就学後に習得する子どももいる。

(2) 保育の場での配慮ポイント

　構音の発達に課題が見られる幼児には、舌などの構音器官における随意運動（自分の意思で起こす運動）の発達に遅れがあり、発音が不明瞭となっている子どももいる。また、構音の獲得過程で、誤って学習した構音が固定化した子ども（機能的構音障害）もいる。口唇口蓋裂のような外表奇形による器質的構音障害であれば、子どもが手術後の言語訓練を医療機関で受けていることや、言葉の不明瞭と知的障害とが直結していないことについて、保育者は理解しやすい。

　一方、子どもの発話に何らかの問題がみられ、その原因が分かりづらい場合には、保育者は子どもの愛着の形成状況や、人やものに対する関わり方、子どもを取り巻く言語環境等について、丁寧なアセスメントをする必要がある。また、保育の場で指導をする際には、幼児の構音の誤りを指摘し、何度も言い直しをさせることによって、幼児が自ら伝えようとする意欲を低下させることのないよう注意が必要である。

4　発語数が少ない子どもに向けて

　幼児の発語数には個人差がある。したがって、他児と比較し発語数が少ないとの理由で、子どもの知的発達に遅れがあると決めつけるのは、速断に過ぎる。言語発達の遅滞には知的障害のほか、聴覚障害や自閉症、運動麻痺のある子ども等にもみられる。また、発語数が少なくても、言語理解は進んでいる子どももいる。このように、発語数が少ないという幼児の姿には個別に異なる原因があることを踏まえて、保育者は子どもがどのようなコミュニケーション方法での関わりを望んでいるのかを検討することが大切である。

【引用・参考文献】
岩立志津夫・小椋たみ子編『よくわかる言語発達［改訂新版］』ミネルヴァ書房、2017年
髙尾淳子「保健・医療・福祉・教育との関連から見た障害児保育」『基礎から学ぶ障害児保育』ミネルヴァ書房、2017年、pp.239-254
成田徹男編『保育内容 ことば［第2版］』みらい、2010年
錦織美知『子どものことばと心の発達赤ちゃんの─"ことばにならないことば"を読みとる育児の大切さ』新潟日報事業社、2006年
日本言語障害児教育研究会編『基礎からわかる言語障害児教育』学苑社、2017年

（髙尾淳子）

第15章 現代社会における「言葉」の問題
── 将来への展望 ──

第1節　現代社会の様相と「言葉」

1　知識基盤社会とメディアとしての「言葉」

　20世紀、ラジオやテレビ、コンピュータなどの発明、普及によって人々は多くの情報を得て経済活動や社会的営みをするようになった。その社会を私たちは「情報社会」と呼んだのである。そして21世紀、人の力では管理できないほど大量の情報を処理するにまでコンピュータは進化し、また、インターネットの利用やクラウドサービスの普及などによって情報は私たちの個人生活にまで、より手軽で密接なものとして入り込み、手ばなせないものとなった。そのような技術の進展により得た情報を知識として活用し、諸活動を行うようになった現代は、新しい知識・情報・技術を基盤とした「知識基盤社会」と呼ばれている。

　人は情報をメディアを通して得る。メディアとは本や新聞、テレビ、パソコンやスマートフォンの利用によるインターネットなどさまざまに存在する。しかし、それはあくまでも情報を伝達する媒体であり、それらを通して情報は言葉（音声としての言葉も、書き言葉としての文字も含まれる）で伝えられる。ということは、言葉自体もメディアとして捉えられる。人間どうしの会話もまた、主に言葉というメディアを介して相互伝達がなされているのである。

　大量の情報がさまざまなメディアから言葉を通して流れてくる現代、つまり、現代社会は言葉が氾濫した社会であるともいえよう。

2　現代社会における子どもが直面する危機

(1) 児童虐待問題

『保育白書 2017 年版』によると、2015年度の「児童相談所における児童虐待相談の対応件数」は103,286件で、初めて10万件を超えた。また、市町村への相談対応件数は、『保育白書 2016 年版』によると、2014年度で87,694件にのぼっており、児童虐待の問題は年を追うごとに深刻さを増している。

さらに、2014年度における児童相談所への児童虐待相談の対応件数を詳しく見ると、虐待を受けた子どもの年齢構成は、「0～3歳未満」19.7％、「3歳～学齢前児童」23.8％、「小学生」34.5％、「中学生」14.1％、「高校生・その他」7.9％であり、虐待相談の内容別としては、「身体的虐待」29.4％、「ネグレクト」25.2％、「心理的虐待」43.6％、「性的虐待」1.7％、そして主たる虐待者としては「実母」52.4％、「実父」34.5％、「実父以外の父」6.3％、「実母以外の母」0.8％、「その他」6.1％となっている。

これを見ると、虐待を受けている子どもは就学前の乳幼児や小学生など低い年齢の子どもたちに多く、また虐待者は実母や実父といった養育者が圧倒的に多いことが分かる。家族などの温かな愛情は、言葉を育む基盤となるという側面も含め、子どもの健やかな成長には欠かせない。特にネグレクト（育児放棄）のケースであれば、子どもと養育者の間の温かで、相互肯定的な会話のやりとりといった豊かな言語環境も、当然乏しくなってしまうであろう。虐待を受けている子どもは、まさに健やかな成長を脅かされているのである。

保育所保育指針（以下、「指針」）の目次に「虐待などへの対応」という項目が初めて現れたのは、第2次改定保育所保育指針（1999年通知）である。2017年告示の現行の指針（「第3章 健康及び安全」の1-(1)）においても「虐待が疑われる場合には、速やかに市町村又は児童相談所に通告し、適切な対応を図ること」が示されている。また、地域の要保護児童

への対応についても示されている。このようなことからも、就学前の乳幼児を預かる保育所や幼稚園、こども園の役割は、非常に大きいといえよう。

(2) 子どもの貧困

近年「子どもの貧困」が大きな問題となっている。子どもの貧困とは、「子どもが経済的困難と社会生活に必要なものの欠乏状態におかれ、発達の諸段階におけるさまざまな機会が奪われた結果、人生全体に影響を与えるほどの多くの不利を負ってしまうこと」(子どもの貧困白書編集委員会、2011) である。

長引く不況などにより、企業などの非正規雇用の割合も増加している近年、それは子育て世代の所得状況にも影響し、特にひとり親世帯の子どもの相対的貧困率は、厚生労働省『平成28 (2016) 年国民生活基礎調査の概況』によると、2015年において50.8％と非常に高くなっている。

地方都市の保育所を利用する保護者に対して調査した研究によれば、貧困層と低所得層の家庭ほど「子育て費用の不足」「子どもの学習面の遅れ」について、悩み・不安・困難を抱えていることが明らかになっている (中村、2015)。さらに、所得が低い家庭ほど育児ストレスを抱えやすく、子どもにあたったり、叩いたり、厳しく叱るなどの不適切な養育態度の比率が高くなることも明らかにされている (中村、2016)。このように経済的困難に直面した家庭は、日々子育ての悩みや不安、困難を抱えて過ごしている。その中で、保護者の自身では抱えきれないストレスが、つい子どもへの不適切な養育態度へと向かわせてしまうのであろう。

また、子どもの貧困について、朝日新聞デジタルの「フォーラム『子どもの貧困どう考える？』」でのネット調査によると、「家庭の経済的事情にかかわりなく、希望するすべての子どもに与えられるべきだと思うもの」は、1位が「最低1日1回の魚や肉」、次いで「年齢に合った絵本や本」が2位となった。豊かな言葉に触れることのできる絵本などを子どもに与えるべきと考えている人は多いことが分かる。

子どもの貧困問題は非常に複雑な問題であり、解決に向けてさまざま

な側面からの対策が必要となる。その中で、保育所や幼稚園、こども園は、どのような役割を担えばよいのだろうか。

　まずは子どもへのケアや提供する教育を適切に行い、健やかな育ちを貧困や低所得の家庭にも、もれなく保障することである。また、保護者が安心して、子育ての悩みや不安について園や保育者に話ができる環境を整え、子育てに安心して励めるよう、必要なときには他の関係機関等につなげていくなどの支援を行っていくことが大切なのである。

(3) 不確実性の時代

　教育というのは、これまで人類が培ってきた社会的な価値や知識を伝達するという側面がある。そしてまた、教育を受ける子どもたちが、近い将来大人として活躍することになる社会像をもとに、必要な力を子どもたちに育成していくことでもある。しかし、これからの社会は、日本では超少子高齢化の問題や経済の先行きの不透明さ、世界的にみれば地球環境問題や食料問題などさまざまな問題を抱えており、将来どのような社会が待ち受けているのかが想像しにくい、つまり不確実性の時代であるといえる。

　そのような時代を生き抜くために、中央教育審議会の答申を受け、2017年3月に新しく告示された学習指導要領では、資質・能力の3つの柱として「知識・技能」「思考力・判断力・表現力等」「学びに向かう力・人間性等」を育むことが示された。言うまでもなく、それらの力を育むためには言語能力がその基盤となる。

　幼児教育段階においても、「幼児期の終わりまでに育ってほしい姿」として「**言葉による伝え合い**」が示され、幼児の言語能力の育成も、これまで以上に求められるようになった。

> 先生(保育士等)や友達と心を通わせる中で、絵本や物語などに親しみながら、豊かな言葉や表現を身に付け、経験したことや考えたことなどを言葉で伝えたり、相手の話を注意して聞いたりし、言葉による伝え合いを楽しむようになる。
>
> (「教育要領」第1章-第2-3-(9)、および「保育指針」第1章-4-(2)-ケの「**言葉による伝え合い**」より)

しかし、無理な言語指導ではなく、遊びや生活の中で言葉を楽しめるような幼児期にふさわしい言語活動に留意しなければならないであろう。

第2節　幼児教育・保育における英語教育の現状

　世界のグローバル化が進行し、日本も国際社会の一員として、これまで以上に多様な国や地域の人々と共生していくことになるのは必然であろう。そうした中、21世紀初めに、英語が使える日本人を育成する英語教育を小学校から始めようという動きが起こり、2010年度から小学校5、6年生を対象に「外国語活動」が必修化されたのは周知のことであろう。

　そして、2020年から全面実施される小学校学習指導要領では、小学校5、6年生で行われている外国語活動を3、4年生の中学年に移行すること、新しく5、6年の高学年では教科型の学習につなげることが意図されている。背景には、これまでの小学校の外国語活動が中学校の英語学習に円滑に接続されていないという問題がある。しかし、単に中学校での知識習得や文法訳読のために小学校の外国語活動を変えていくということではなく、やはり外国語という「言葉」を通して、コミュニケーション能力の素地や基礎を培っていくことが重要視されているのである。

　幼稚園や保育所等で、英語の活動を採り入れている園は一体どれくらいあるのだろうか。ベネッセ総合教育研究所の調査によると（2007年時点での幼稚園、2008年時点での保育所）、英語を採り入れている園が、①国公立幼稚園16.7％、②私立幼稚園47.6％、③公営保育所5.3％、④私営保育所27.5％であった（ベネッセ、2009）。その後、2012年に行われた調査では、それぞれ、①17.1％、②58％、③10.7％、④33.8％、こども園54.7％（ベネッセ、2012）と、すべての施設形態で増加していることが分かる。先ほどの小学校での外国語活動の必修化が影響している可能性も、理由のひとつであろう。

それに伴い、保護者の早期英語教育へのニーズが喚起されている可能性もある。今後、小学校での外国語活動が中学年に移行することをきっかけに、さらに英語を導入する園が出てくるかもしれない。

　2017年告示の幼稚園教育要領、保育所保育指針、幼保連携型認定こども園教育・保育要領でも、同文で、以下のように示されている。

> 異なる文化に触れる活動に親しんだりすることを通じて、社会とのつながりの意識や国際理解の意識の芽生えなどが養われるようにすること。
> 　　　（「教育要領」第2章〈環境〉3／「保育指針」第2章-3（3歳以上児）（2）-ウ〈環境〉-（ウ）／
> 　　　「教育・保育要領」第2章-第3（満3歳以上の園児）〈環境〉3、それぞれの「内容の取扱い」より）

　これを踏まえると乳幼児の英語は、単なる英語語彙の増加といった知識獲得が優先的な目的として行われるべきではないだろう。将来、さらなる国際社会を生きていく今の子どもたちに英語教育が、ある程度浸透していくのは、もはや否（いな）めないと考えられる中、それでは乳幼児期に英語教育を行う際には、どのようなことに留意するべきであろうか。

　当然ながら、まずは、母語としての日本語の豊かな言語環境を整えていくことが大切であろう。そのうえで、年齢や本来の目的にあった適切な英語教育方法を、しっかりと見極めていくことが求められている。

第3節　「言葉」を育む環境としての保育者と将来への展望

1　現代社会における「言葉」を育む環境としての保育者

　現代社会は言葉が氾濫した社会であると述べた。ありとあらゆる分野、領域の情報がさまざまなメディアを通してあふれるように伝えられる。OECD（オーイーシーディー）※（経済協力開発機構）各国の、15歳生徒の学習到達度調査（PISA（ピサ）※※2015）の結果において、日本は前回と比べ「読解力」の平均得点が有意に低下した。このことを受け、国立教育政策研究所が、コンピュータ上の複数の画面から情報を取り出し考察する問題に課題がある

※　「Organisation for Economic Co-operation and Development」の略。
※※　「Programme for International Student Assessment」の略。

と指摘したことから、学校教育における情報活用に関する指導の充実が、今後図られようとしている。そのような中、あくまでも子どもの感性を深めるツールとして情報通信技術（information and communication technology：ICT）を積極導入しようとする園も出てきた（日本教育新聞、2017）。時代の流れの中で、ICTをうまく幼児教育・保育に活かそうとする試みとして非常に興味深い。

　乳幼児期は環境との直接的で体験的な関わりが重要視される。タブレットなどの画面から得ることだけで幼児教育・保育は完結しない。豊かな言葉の環境とは、環境に言葉がたくさんあることと同時に、その言葉と状況の結びつきが分かりやすい必要がある（無藤、2008）というように、タブレットから得る情報としての言葉と直接体験が相互に作用していくことが重要である。幼児が環境と直接的に出会う際、豊かな感性や言葉などを広げることをあくまでも手助けするICTの活用とは何か、保育者自らが実践の中で思考し、精錬させていくことが今後求められる。

　続いて、現代社会においては児童虐待や子どもの貧困の問題が乳幼児期の言語環境などを乏しくしていることは指摘した。教育社会学者のバーンステインは、1960年代に社会階級と言語の関わりを「限定コード」と「精密コード」と名づけ、言語コード理論を打ち出した。それによると、労働者階級と中産階級の家庭の子どもでは使用する言語に違いが見られ、そして、それが労働者階級の子どもたちの教育到達度の低さに影響しているというものであった。

　児童虐待や子どもの貧困などの危機にさらされている子どもは、その生命を保護されることは当然のこと、それと同時に質の高い教育を受ける権利もある。保育者は、さまざまな背景にある家庭の補完的な役割も含めて、子どもとの豊かな相互対話やコミュニケーションを通じて言葉を豊かに育んでいくことが求められる。また、絵本は、読み聞かせなどを通して生活の中で自然に語彙を広げるメディアとして機能している（無藤・野口・木村、2017）ことからも、保育者として多くの豊かな絵本に出会う機会を乳幼児に提供することも重要なことなのである。

2 将来の展望

　現代社会と「言葉」に関する問題について、ふれてきた。現代社会はさまざまな問題を抱えている。また今後はさまざまな問題に加え、技術の進歩、例えば、AI（artificial intelligenceの略／人工知能）の台頭などにより、さらにどんな社会が待ち受けているのか想像さえしにくい。ただ、これまでとは比べものにならないほど社会は激変していくだろう。

　現代社会は新たな「言葉」を生み出す。保育者が幼少時には無かった言葉が生まれ、人々はそれを当たり前に使用し、諸活動を行い、人との相互コミュニケーションを図っている。これからも、時代にあった必要な言葉が生み出されていくのは自明である。現代の保育者に求められるのは、社会を的確に捉える力をもち、社会を知ることである。生まれて間もない乳幼児はこの世の中、社会にある全てが教材となるからである。

　だからこそ、保育者自身が確かな言語能力を基に常に情報や知識を求め吸収し、幼児教育・保育におけるそれらの意味を思考し、時代に必要なものを実践に採り入れていく力が必要であろう。

　しかし、時代を経ても、乳幼児が自ら主体的に、環境と直接的・体験的に関わることなど、幼児教育・保育において普遍的に大切にすべきことを守ることをも忘れてはならない。その両立が保育者には求められているのである。

【引用・参考文献】
子どもの貧困白書編集委員会『子どもの貧困白書』明石書店、2011年
中村強士「保育所保護者における貧困と子育て・家庭生活の悩み・不安・困難——名古屋市保育所保護者への生活実態調査から」『日本福祉大学社会福祉論集』132、2015年、pp.1-10
中村強士「保育所保護者における貧困と養育態度——名古屋市保育所保護者への生活実態調査から」『日本福祉大学社会福祉論集』133、2015年
『日本教育新聞』幼稚園・保育園面「日本初の公園内保育所 新しい保育に挑戦 ICTを積極導入 感性深めるツールに」2017年4月3日
ベネッセ総合教育研究所「第1回幼児教育・保育についての基本調査（保育所編）報告書 [2008年]『第3章 幼稚園・保育所共通編』」
　〈http://berd.benesse.jp/jisedaiken/research/pdf/research07_7.pdf〉（2017.9.19最終アクセス）
ベネッセ総合研究所次世代育成研究室「第2回幼児教育・保育についての基本調査 ダイジェスト」
　〈http://berd.benesse.jp/up_images/research/research24_pre1.pdf〉（最終アクセス 2017.9.29）
無藤隆・野口隆子・木村美幸『絵本の魅力——その編集・実践・研究』フレーベル館、2017年
無藤隆『幼児教育の原則』ミネルヴァ書房、2008年

（吉田　茂）

付録（関連資料）

◎幼稚園教育要領(平成29年 文部科学省 告示) —— 抜粋

第2章　ねらい及び内容
　健　康
　人間関係
　環　境
　言　葉
　表　現

◎保育所保育指針(平成29年 厚生労働省 告示) —— 抜粋

第2章　保育の内容
　1　乳児保育に関わるねらい及び内容
　　(1) 基本的事項
　　(2) ねらい及び内容
　　(3) 保育の実施に関わる配慮事項

　2　1歳以上3歳未満児の保育に関わるねらい及び内容
　　(1) 基本的事項
　　(2) ねらい及び内容
　　　ア　健康
　　　イ　人間関係
　　　ウ　環境
　　　エ　言葉
　　　オ　表現
　　(3) 保育の実施に関わる配慮事項

〔注〕「保育所保育指針」第2章所収の＜3 3歳以上の保育に関わるねらい及び内容＞については、「幼稚園教育要領」第2章とほぼ同様の内容なので、掲載していない。上記「要領」第2章を参照されたい。

◎幼稚園教育要領──抜粋
(平成29年　文部科学省 告示)

第2章　ねらい及び内容

健康
〔健康な心と体を育て、自ら健康で安全な生活をつくり出す力を養う。〕

1　ねらい
(1) 明るく伸び伸びと行動し、充実感を味わう。
(2) 自分の体を十分に動かし、進んで運動しようとする。
(3) 健康、安全な生活に必要な習慣や態度を身に付け、見通しをもって行動する。

2　内容
(1) 先生や友達と触れ合い、安定感をもって行動する。
(2) いろいろな遊びの中で十分に体を動かす。
(3) 進んで戸外で遊ぶ。
(4) 様々な活動に親しみ、楽しんで取り組む。
(5) 先生や友達と食べることを楽しみ、食べ物への興味や関心をもつ。
(6) 健康な生活のリズムを身に付ける。
(7) 身の回りを清潔にし、衣服の着脱、食事、排泄などの生活に必要な活動を自分でする。
(8) 幼稚園における生活の仕方を知り、自分たちで生活の場を整えながら見通しをもって行動する。
(9) 自分の健康に関心をもち、病気の予防などに必要な活動を進んで行う。
(10) 危険な場所、危険な遊び方、災害時などの行動の仕方が分かり、安全に気を付けて行動する。

3　内容の取扱い
上記の取扱いに当たっては、次の事項に留意する必要がある。
(1) 心と体の健康は、相互に密接な関連があるものであることを踏まえ、幼児が教師や他の幼児との温かい触れ合いの中で自己の存在感や充実感を味わうことなどを基盤として、しなやかな心と体の発達を促すこと。特に、十分に体を動かす気持ちよさを体験し、自ら体を動かそうとする意欲が育つようにすること。
(2) 様々な遊びの中で、幼児が興味や関心、能力に応じて全身を使って活動することにより、体を動かす楽しさを味わい、自分の体を大切にしようとする気持ちが育つようにすること。その際、多様な動きを経験する中で、体の動きを調整するようにすること。
(3) 自然の中で伸び伸びと体を動かして遊ぶことにより、体の諸機能の発達が促されることに留意し、幼児の興味や関心が戸外にも向くようにすること。その際、幼児の動線に配慮した園庭や遊具の配置などを工夫すること。
(4) 健康な心と体を育てるためには食育を通じた望ましい食習慣の形成が大切であることを踏まえ、幼児の食生活の実情に配慮し、和やかな雰囲気の中で教師や他の幼児と食べる喜びや楽しさを味わったり、様々な食べ物への興味や関心をもったりするなどし、食の大切さに気付き、進んで食べようとする気持ちが育つようにすること。
(5) 基本的な生活習慣の形成に当たっては、家庭での生活経験に配慮し、幼児の自立心を育て、幼児が他の幼児と関わりながら主体的な活動を展開する中で、生活に必要な習慣を身に付け、次第に見通しをもって行動できるようにすること。

(6) 安全に関する指導に当たっては、情緒の安定を図り、遊びを通して安全についての構えを身に付け、危険な場所や事物などが分かり、安全についての理解を深めるようにすること。また、交通安全の習慣を身に付けるようにするとともに、避難訓練などを通して、災害などの緊急時に適切な行動がとれるようにすること。

人間関係

〔他の人々と親しみ、支え合って生活するために、自立心を育て、人と関わる力を養う。〕

1 ねらい

(1) 幼稚園生活を楽しみ、自分の力で行動することの充実感を味わう。
(2) 身近な人と親しみ、関わりを深め、工夫したり、協力したりして一緒に活動する楽しさを味わい、愛情や信頼感をもつ。
(3) 社会生活における望ましい習慣や態度を身に付ける。

2 内容

(1) 先生や友達と共に過ごすことの喜びを味わう。
(2) 自分で考え、自分で行動する。
(3) 自分でできることは自分でする。
(4) いろいろな遊びを楽しみながら物事をやり遂げようとする気持ちをもつ。
(5) 友達と積極的に関わりながら喜びや悲しみを共感し合う。
(6) 自分の思ったことを相手に伝え、相手の思っていることに気付く。
(7) 友達のよさに気付き、一緒に活動する楽しさを味わう。
(8) 友達と楽しく活動する中で、共通の目的を見いだし、工夫したり、協力したりなどする。
(9) よいことや悪いことがあることに気付き、考えながら行動する。
(10) 友達との関わりを深め、思いやりをもつ。
(11) 友達と楽しく生活する中できまりの大切さに気付き、守ろうとする。
(12) 共同の遊具や用具を大切にし、皆で使う。
(13) 高齢者をはじめ地域の人々などの自分の生活に関係の深いいろいろな人に親しみをもつ。

3 内容の取扱い

上記の取扱いに当たっては、次の事項に留意する必要がある。
(1) 教師との信頼関係に支えられて自分自身の生活を確立していくことが人と関わる基盤となることを考慮し、幼児が自ら周囲に働き掛けることにより多様な感情を体験し、試行錯誤しながら諦めずにやり遂げることの達成感や、前向きな見通しをもって自分の力で行うことの充実感を味わうことができるよう、幼児の行動を見守りながら適切な援助を行うようにすること。
(2) 一人一人を生かした集団を形成しながら人と関わる力を育てていくようにすること。その際、集団の生活の中で、幼児が自己を発揮し、教師や他の幼児に認められる体験をし、自分のよさや特徴に気付き、自信をもって行動できるようにすること。
(3) 幼児が互いに関わりを深め、協同して遊ぶようになるため、自ら行動する力を育てるようにするとともに、他の幼児と試行錯誤しながら活動を展開する楽しさや共通の目的が実現する喜びを味わうことができるようにすること。
(4) 道徳性の芽生えを培うに当たっては、基本的な生活習慣の形成を図るとともに、幼児が他の幼児との関わりの中で他人の存在に気付き、相手を尊重する気持ちをもって行動できるようにし、また、自然

や身近な動植物に親しむことなどを通して豊かな心情が育つようにすること。特に、人に対する信頼感や思いやりの気持ちは、葛藤やつまずきをも体験し、それらを乗り越えることにより次第に芽生えてくることに配慮すること。
(5) 集団の生活を通して、幼児が人との関わりを深め、規範意識の芽生えが培われることを考慮し、幼児が教師との信頼関係に支えられて自己を発揮する中で、互いに思いを主張し、折り合いを付ける体験をし、きまりの必要性などに気付き、自分の気持ちを調整する力が育つようにすること。
(6) 高齢者をはじめ地域の人々などの自分の生活に関係の深いいろいろな人と触れ合い、自分の感情や意志を表現しながら共に楽しみ、共感し合う体験を通して、これらの人々などに親しみをもち、人と関わることの楽しさや人の役に立つ喜びを味わうことができるようにすること。また、生活を通して親や祖父母などの家族の愛情に気付き、家族を大切にしようとする気持ちが育つようにすること。

環境

〔周囲の様々な環境に好奇心や探究心をもって関わり、それらを生活に取り入れていこうとする力を養う。〕

1 ねらい

(1) 身近な環境に親しみ、自然と触れ合う中で様々な事象に興味や関心をもつ。
(2) 身近な環境に自分から関わり、発見を楽しんだり、考えたりし、それを生活に取り入れようとする。
(3) 身近な事象を見たり、考えたり、扱ったりする中で、物の性質や数量、文字などに対する感覚を豊かにする。

2 内容

(1) 自然に触れて生活し、その大きさ、美しさ、不思議さなどに気付く。
(2) 生活の中で、様々な物に触れ、その性質や仕組みに興味や関心をもつ。
(3) 季節により自然や人間の生活に変化のあることに気付く。
(4) 自然などの身近な事象に関心をもち、取り入れて遊ぶ。
(5) 身近な動植物に親しみをもって接し、生命の尊さに気付き、いたわったり、大切にしたりする。
(6) 日常生活の中で、我が国や地域社会における様々な文化や伝統に親しむ。
(7) 身近な物を大切にする。
(8) 身近な物や遊具に興味をもって関わり、自分なりに比べたり、関連付けたりしながら考えたり、試したりして工夫して遊ぶ。
(9) 日常生活の中で数量や図形などに関心をもつ。
(10) 日常生活の中で簡単な標識や文字などに関心をもつ。
(11) 生活に関係の深い情報や施設などに興味や関心をもつ。
(12) 幼稚園内外の行事において国旗に親しむ。

3 内容の取扱い

上記の取扱いに当たっては、次の事項に留意する必要がある。
(1) 幼児が、遊びの中で周囲の環境と関わり、次第に周囲の世界に好奇心を抱き、その意味や操作の仕方に関心をもち、物事の法則性に気付き、自分なりに考えることができるようになる過程を大切にすること。また、他の幼児の考えなどに触れて新しい考えを生み出す喜びや楽しさを味わい、自分の考えをよりよいものにしようとする気持ちが育つようにすること。

(2) 幼児期において自然のもつ意味は大きく、自然の大きさ、美しさ、不思議さなどに直接触れる体験を通して、幼児の心が安らぎ、豊かな感情、好奇心、思考力、表現力の基礎が培われることを踏まえ、幼児が自然との関わりを深めることができるよう工夫すること。
(3) 身近な事象や動植物に対する感動を伝え合い、共感し合うことなどを通して自分から関わろうとする意欲を育てるとともに、様々な関わり方を通してそれらに対する親しみや畏敬の念、生命を大切にする気持ち、公共心、探究心などが養われるようにすること。
(4) 文化や伝統に親しむ際には、正月や節句など我が国の伝統的な行事、国歌、唱歌、わらべうたや我が国の伝統的な遊びに親しんだり、異なる文化に触れる活動に親しんだりすることを通じて、社会とのつながりの意識や国際理解の意識の芽生えなどが養われるようにすること。
(5) 数量や文字などに関しては、日常生活の中で幼児自身の必要感に基づく体験を大切にし、数量や文字などに関する興味や関心、感覚が養われるようにすること。

言葉

〔経験したことや考えたことなどを自分なりの言葉で表現し、相手の話す言葉を聞こうとする意欲や態度を育て、言葉に対する感覚や言葉で表現する力を養う。〕

1 ねらい
(1) 自分の気持ちを言葉で表現する楽しさを味わう。
(2) 人の言葉や話などをよく聞き、自分の経験したことや考えたことを話し、伝え合う喜びを味わう。
(3) 日常生活に必要な言葉が分かるようになるとともに、絵本や物語などに親しみ、言葉に対する感覚を豊かにし、先生や友達と心を通わせる。

2 内容
(1) 先生や友達の言葉や話に興味や関心をもち、親しみをもって聞いたり、話したりする。
(2) したり、見たり、聞いたり、感じたり、考えたりなどしたことを自分なりに言葉で表現する。
(3) したいこと、してほしいことを言葉で表現したり、分からないことを尋ねたりする。
(4) 人の話を注意して聞き、相手に分かるように話す。
(5) 生活の中で必要な言葉が分かり、使う。
(6) 親しみをもって日常の挨拶をする。
(7) 生活の中で言葉の楽しさや美しさに気付く。
(8) いろいろな体験を通じてイメージや言葉を豊かにする。
(9) 絵本や物語などに親しみ、興味をもって聞き、想像をする楽しさを味わう。
(10) 日常生活の中で、文字などで伝える楽しさを味わう。

3 内容の取扱い
上記の取扱いに当たっては、次の事項に留意する必要がある。
(1) 言葉は、身近な人に親しみをもって接し、自分の感情や意志などを伝え、それに相手が応答し、その言葉を聞くことを通して次第に獲得されていくものであることを考慮して、幼児が教師や他の幼児と関わることにより心を動かされるような体験をし、言葉を交わす喜びを味わえるようにすること。
(2) 幼児が自分の思いを言葉で伝えるとともに、教師や他の幼児などの話を興味をもって注意して聞くことを通して次第に話を理解するようになっていき、言葉に

よる伝え合いができるようにすること。
(3) 絵本や物語などで、その内容と自分の経験とを結び付けたり、想像を巡らせたりするなど、楽しみを十分に味わうことによって、次第に豊かなイメージをもち、言葉に対する感覚が養われるようにすること。
(4) 幼児が生活の中で、言葉の響きやリズム、新しい言葉や表現などに触れ、これらを使う楽しさを味わえるようにすること。その際、絵本や物語に親しんだり、言葉遊びなどをしたりすることを通して、言葉が豊かになるようにすること。
(5) 幼児が日常生活の中で、文字などを使いながら思ったことや考えたことを伝える喜びや楽しさを味わい、文字に対する興味や関心をもつようにすること。

表現

〔感じたことや考えたことを自分なりに表現することを通して、豊かな感性や表現する力を養い、創造性を豊かにする。〕

1 ねらい
(1) いろいろなものの美しさなどに対する豊かな感性をもつ。
(2) 感じたことや考えたことを自分なりに表現して楽しむ。
(3) 生活の中でイメージを豊かにし、様々な表現を楽しむ。

2 内容
(1) 生活の中で様々な音、形、色、手触り、動きなどに気付いたり、感じたりするなどして楽しむ。
(2) 生活の中で美しいものや心を動かす出来事に触れ、イメージを豊かにする。
(3) 様々な出来事の中で、感動したことを伝え合う楽しさを味わう。
(4) 感じたこと、考えたことなどを音や動きなどで表現したり、自由にかいたり、つくったりなどする。
(5) いろいろな素材に親しみ、工夫して遊ぶ。
(6) 音楽に親しみ、歌を歌ったり、簡単なリズム楽器を使ったりなどする楽しさを味わう。
(7) かいたり、つくったりすることを楽しみ、遊びに使ったり、飾ったりなどする。
(8) 自分のイメージを動きや言葉などで表現したり、演じて遊んだりするなどの楽しさを味わう。

3 内容の取扱い

上記の取扱いに当たっては、次の事項に留意する必要がある。
(1) 豊かな感性は、身近な環境と十分に関わる中で美しいもの、優れたもの、心を動かす出来事などに出会い、そこから得た感動を他の幼児や教師と共有し、様々に表現することなどを通して養われるようにすること。その際、風の音や雨の音、身近にある草や花の形や色など自然の中にある音、形、色などに気付くようにすること。
(2) 幼児の自己表現は素朴な形で行われることが多いので、教師はそのような表現を受容し、幼児自身の表現しようとする意欲を受け止めて、幼児が生活の中で幼児らしい様々な表現を楽しむことができるようにすること。
(3) 生活経験や発達に応じ、自ら様々な表現を楽しみ、表現する意欲を十分に発揮させることができるように、遊具や用具などを整えたり、様々な素材や表現の仕方に親しんだり、他の幼児の表現に触れられるよう配慮したりし、表現する過程を大切にして自己表現を楽しめるように工夫すること。

◎保育所保育指針——抜粋
（平成29年　厚生労働省 告示）

第2章　ねらい及び内容

1　乳児保育に関わるねらい及び内容

（1）　基本的事項

ア　乳児期の発達については、視覚、聴覚などの感覚や、座る、はう、歩くなどの運動機能が著しく発達し、特定の大人との応答的な関わりを通じて、情緒的な絆（きずな）が形成されるといった特徴がある。これらの発達の特徴を踏まえて、乳児保育は、愛情豊かに、応答的に行われることが特に必要である。

イ　本項においては、この時期の発達の特徴を踏まえ、乳児保育の「ねらい」及び「内容」については、身体的発達に関する視点「健やかに伸び伸びと育つ」、社会的発達に関する視点「身近な人と気持ちが通じ合う」及び精神発達に関する視点「身近なものと関わり感性が育つ」としてまとめ、示している。

ウ　本項の各視点において示す保育の内容は、第1章の2に示された養護における「生命の保持」及び「情緒の安定」に関わる保育の内容と、一体となって展開されるものであることに留意が必要である。

（2）　ねらい及び内容

ア　健やかに伸び伸びと育つ

健康な心と体を育て、自ら健康で安全な生活をつくり出す力の基盤を培う。

（ア）ねらい
① 身体感覚が育ち、快適な環境に心地よさを感じる。
② 伸び伸びと体を動かし、はう、歩くなどの運動をしようとする。
③ 食事、睡眠等の生活のリズムの感覚が芽生える。

（イ）　内容
① 保育士等の愛情豊かな受容の下で、生理的・心理的欲求を満たし、心地よく生活をする。
② 一人一人の発育に応じて、はう、立つ、歩くなど、十分に体を動かす。
③ 個人差に応じて授乳を行い、離乳を進めていく中で、様々な食品に少しずつ慣れ、食べることを楽しむ。
④ 一人一人の生活のリズムに応じて、安全な環境の下で十分に午睡をする。
⑤ おむつ交換や衣服の着脱などを通じて、清潔になることの心地よさを感じる。

（ウ）内容の取扱い
上記の取扱いに当たっては、次の事項に留意する必要がある。
① 心と体の健康は、相互に密接な関連があるものであることを踏まえ、温かい触れ合いの中で、心と体の発達を促すこと。特に、寝返り、お座り、はいはい、つかまり立ち、伝い歩きなど、発育に応じて、遊びの中で体を動かす機会を十分に確保し、自ら体を動かそうとする意欲が育つようにすること。
② 健康な心と体を育てるためには望ましい食習慣の形成が重要であることを踏まえ、離乳食が完了期へと徐々に移行する中で、様々な食品に慣れるようにするとともに、和やかな雰囲気の中で食べる喜びや楽しさを味わい、進んで食べようとする気持ちが育つようにすること。なお、食物アレルギーのある子どもへの対応については、嘱託医等の指示や協力の下に適切に

対応すること。

イ 身近な人と気持ちが通じ合う

受容的・応答的な関わりの下で、何かを伝えようとする意欲や身近な大人との信頼関係を育て、人と関わる力の基盤を培う。

（ア）ねらい

① 安心できる関係の下で、身近な人と共に過ごす喜びを感じる。
② 体の動きや表情、発声等により、保育士等と気持ちを通わせようとする。
③ 身近な人と親しみ、関わりを深め、愛情や信頼感が芽生える。

（イ）内容

① 子どもからの働きかけを踏まえた、応答的な触れ合いや言葉がけによって、欲求が満たされ、安定感をもって過ごす。
② 体の動きや表情、発声や喃語等を優しく受け止めてもらい、保育士等とのやり取りを楽しむ。
③ 生活や遊びの中で、自分の身近な人の存在に気付き、親しみの気持ちを表す。
④ 保育士等による語りかけや歌いかけ、発声や喃語等への応答を通じて、言葉の理解や発語の意欲が育つ。
⑤ 温かく、受容的な関わりを通じて、自分を肯定する気持ちが芽生える。

（ウ）内容の取扱い

上記の取扱いに当たっては、次の事項に留意する必要がある。

① 保育士等との信頼関係に支えられて生活を確立していくことが人と関わる基盤となることを考慮して、子どもの多様な感情を受け止め、温かく受容的・応答的に関わり、一人一人に応じた適切な援助を行うようにすること。
② 身近な人に親しみをもって接し、自分の感情などを表し、それに相手が応答する言葉を聞くことを通して、次第に言葉が獲得されていくことを考慮して、楽しい雰囲気の中での保育士等との関わり合いを大切にし、ゆっくりと優しく話しかけるなど、積極的に言葉のやり取りを楽しむことができるようにすること。

ウ 身近なものと関わり感性が育つ

身近な環境に興味や好奇心をもって関わり、感じたことや考えたことを表現する力の基盤を培う。

（ア）ねらい

① 身の回りのものに親しみ、様々なものに興味や関心をもつ。
② 見る、触れる、探索するなど、身近な環境に自分から関わろうとする。
③ 身体の諸感覚による認識が豊かになり、表情や手足、体の動き等で表現する。

（イ）内容

① 身近な生活用具、玩具や絵本などが用意された中で、身の回りのものに対する興味や好奇心をもつ。
② 生活や遊びの中で様々なものに触れ、音、形、色、手触りなどに気付き、感覚の働きを豊かにする。
③ 保育士等と一緒に様々な色彩や形のものや絵本などを見る。
④ 玩具や身の回りのものを、つまむ、つかむ、たたく、引っ張るなど、手や指を使って遊ぶ。
⑤ 保育士等のあやし遊びに機嫌よく応じたり、歌やリズムに合わせて手足や体を動かして楽しんだりする。

（ウ）内容の取扱い

上記の取扱いに当たっては、次の事項に留意する必要がある。

① 玩具などは、音質、形、色、大きさなど子どもの発達状態に応じて適切なもの

を選び、その時々の子どもの興味や関心を踏まえるなど、遊びを通して感覚の発達が促されるものとなるように工夫すること。なお、安全な環境の下で、子どもが探索意欲を満たして自由に遊べるよう、身の回りのものについては、常に十分な点検を行うこと。
② 乳児期においては、表情、発声、体の動きなどで、感情を表現することが多いことから、これらの表現しようとする意欲を積極的に受け止めて、子どもが様々な活動を楽しむことを通して表現が豊かになるようにすること。

(3) 保育の実施に関わる配慮事項

ア　乳児は疾病への抵抗力が弱く、心身の機能の未熟さに伴う疾病の発生が多いことから、一人一人の発育及び発達状態や健康状態についての適切な判断に基づく保健的な対応を行うこと。

イ　一人一人の子どもの生育歴の違いに留意しつつ、欲求を適切に満たし、特定の保育士が応答的に関わるように努めること。

ウ　乳児保育に関わる職員間の連携や嘱託医との連携を図り、第3章に示す事項を踏まえ、適切に対応すること。栄養士及び看護師等が配置されている場合は、その専門性を生かした対応を図ること。

エ　保護者との信頼関係を築きながら保育を進めるとともに、保護者からの相談に応じ、保護者への支援に努めていくこと。

オ　担当の保育士が替わる場合には、子どものそれまでの生育歴や発達過程に留意し、職員間で協力して対応すること。

2　1歳以上3歳未満児の保育に関わるねらい及び内容

(1) 基本的事項

ア　この時期においては、歩き始めから、歩く、走る、跳ぶなどへと、基本的な運動機能が次第に発達し、排泄の自立のための身体的機能も整うようになる。つまむ、めくるなどの指先の機能も発達し、食事、衣類の着脱なども、保育士等の援助の下で自分で行うようになる。発声も明瞭になり、語彙も増加し、自分の意思や欲求を言葉で表出できるようになる。このように自分でできることが増えてくる時期であることから、保育士等は、子どもの生活の安定を図りながら、自分でしようとする気持ちを尊重し、温かく見守るとともに、愛情豊かに、応答的に関わることが必要である。

イ　本項においては、この時期の発達の特徴を踏まえ、保育の「ねらい」及び「内容」について、心身の健康に関する領域「健康」、人との関わりに関する領域「人間関係」、身近な環境との関わりに関する領域「環境」、言葉の獲得に関する領域「言葉」及び感性と表現に関する領域「表現」としてまとめ、示している。

ウ　本項の各領域において示す保育の内容は、第1章の2に示された養護における「生命の保持」及び「情緒の安定」に関わる保育の内容と、一体となって展開されるものであることに留意が必要である。

(2) ねらい及び内容
ア　健康
　　健康な心と体を育て、自ら健康で安全な生活をつくり出す力を養う。

(ア) ねらい
① 明るく伸び伸びと生活し、自分から体を動かすことを楽しむ。
② 自分の体を十分に動かし、様々な動きをしようとする。
③ 健康、安全な生活に必要な習慣に気付き、自分でしてみようとする気持ちが育つ。

(イ) 内容
① 保育士等の愛情豊かな受容の下で、安定感をもって生活をする。
② 食事や午睡、遊びと休息など、保育所における生活のリズムが形成される。
③ 走る、跳ぶ、登る、押す、引っ張るなど全身を使う遊びを楽しむ。
④ 様々な食品や調理形態に慣れ、ゆったりとした雰囲気の中で食事や間食を楽しむ。
⑤ 身の回りを清潔に保つ心地よさを感じ、その習慣が少しずつ身に付く。
⑥ 保育士等の助けを借りながら、衣類の着脱を自分でしようとする。
⑦ 便器での排泄に慣れ、自分で排泄ができるようになる。

(ウ) 内容の取扱い
上記の取扱いに当たっては、次の事項に留意する必要がある。
① 心と体の健康は、相互に密接な関連があるものであることを踏まえ、子どもの気持ちに配慮した温かい触れ合いの中で、心と体の発達を促すこと。特に、一人一人の発育に応じて、体を動かす機会を十分に確保し、自ら体を動かそうとする意欲が育つようにすること。
② 健康な心と体を育てるためには望ましい食習慣の形成が重要であることを踏まえ、ゆったりとした雰囲気の中で食べる喜びや楽しさを味わい、進んで食べようとする気持ちが育つようにすること。なお、食物アレルギーのある子どもへの対応については、嘱託医等の指示や協力の下に適切に対応すること。
③ 排泄の習慣については、一人一人の排尿間隔等を踏まえ、おむつが汚れていないときに便器に座らせるなどにより、少しずつ慣れさせるようにすること。
④ 食事、排泄、睡眠、衣類の着脱、身の回りを清潔にすることなど、生活に必要な基本的な習慣については、一人一人の状態に応じ、落ち着いた雰囲気の中で行うようにし、子どもが自分でしようとする気持ちを尊重すること。また、基本的な生活習慣の形成に当たっては、家庭での生活経験に配慮し、家庭との適切な連携の下で行うようにすること。

イ 人間関係
他の人々と親しみ、支え合って生活するために、自立心を育て、人と関わる力を養う。

(ア) ねらい
① 保育所での生活を楽しみ、身近な人と関わる心地よさを感じる。
② 周囲の子ども等への興味や関心が高まり、関わりをもとうとする。
③ 保育所の生活の仕方に慣れ、きまりの大切さに気付く。

(イ) 内容
① 保育士等や周囲の子ども等との安定した関係の中で、共に過ごす心地よさを感じる。
② 保育士等の受容的・応答的な関わりの中で、欲求を適切に満たし、安定感をもって過ごす。
③ 身の回りに様々な人がいることに気付き、徐々に他の子どもと関わりをもって遊ぶ。
④ 保育士等の仲立ちにより、他の子どもとの関わり方を少しずつ身につける。

⑤ 保育所の生活の仕方に慣れ、きまりがあることや、その大切さに気付く。
⑥ 生活や遊びの中で、年長児や保育士等の真似をしたり、ごっこ遊びを楽しんだりする。
(ウ) 内容の取扱い
　　上記の取扱いに当たっては、次の事項に留意する必要がある。
① 保育士等との信頼関係に支えられて生活を確立するとともに、自分で何かをしようとする気持ちが旺盛になる時期であることに鑑み、そのような子どもの気持ちを尊重し、温かく見守るとともに、愛情豊かに、応答的に関わり、適切な援助を行うようにすること。
② 思い通りにいかない場合等の子どもの不安定な感情の表出については、保育士等が受容的に受け止めるとともに、そうした気持ちから立ち直る経験や感情をコントロールすることへの気付き等につなげていけるように援助すること。
③ この時期は自己と他者との違いの認識がまだ十分ではないことから、子どもの自我の育ちを見守るとともに、保育士等が仲立ちとなって、自分の気持ちを相手に伝えることや相手の気持ちに気付くことの大切さなど、友達の気持ちや友達との関わり方を丁寧に伝えていくこと。

ウ　環境
　　周囲の様々な環境に好奇心や探究心をもって関わり、それらを生活に取り入れていこうとする力を養う。
(ア) ねらい
① 身近な環境に親しみ、触れ合う中で、様々なものに興味や関心をもつ。
② 様々なものに関わる中で、発見を楽しんだり、考えたりしようとする。
③ 見る、聞く、触るなどの経験を通して、感覚の働きを豊かにする。
(イ) 内容
① 安全で活動しやすい環境での探索活動等を通して、見る、聞く、触れる、嗅ぐ、味わうなどの感覚の働きを豊かにする。
② 玩具、絵本、遊具などに興味をもち、それらを使った遊びを楽しむ。
③ 身の回りの物に触れる中で、形、色、大きさ、量などの物の性質や仕組みに気付く。
④ 自分の物と人の物の区別や、場所的感覚など、環境を捉える感覚が育つ。
⑤ 身近な生き物に気付き、親しみをもつ。
⑥ 近隣の生活や季節の行事などに興味や関心をもつ。
(ウ) 内容の取扱い
　　上記の取扱いに当たっては、次の事項に留意する必要がある。
① 玩具などは、音質、形、色、大きさなど子どもの発達状態に応じて適切なものを選び、遊びを通して感覚の発達が促されるように工夫すること。
② 身近な生き物との関わりについては、子どもが命を感じ、生命の尊さに気付く経験へとつながるものであることから、そうした気付きを促すような関わりとなるようにすること。
③ 地域の生活や季節の行事などに触れる際には、社会とのつながりや地域社会の文化への気付きにつながるものとなることが望ましいこと。その際、保育所内外の行事や地域の人々との触れ合いなどを通して行うこと等も考慮すること。

エ　言葉
　　経験したことや考えたことなどを自分なりの言葉で表現し、相手の話す言葉を聞

こうとする意欲や態度を育て、言葉に対する感覚や言葉で表現する力を養う。
(ア) ねらい
① 言葉遊びや言葉で表現する楽しさを感じる。
② 人の言葉や話などを聞き、自分でも思ったことを伝えようとする。
③ 絵本や物語等に親しむとともに、言葉のやり取りを通じて身近な人と気持ちを通わせる。
(イ) 内容
① 保育士等の応答的な関わりや話しかけにより、自ら言葉を使おうとする。
② 生活に必要な簡単な言葉に気付き、聞き分ける。
③ 親しみをもって日常の挨拶に応じる。
④ 絵本や紙芝居を楽しみ、簡単な言葉を繰り返したり、模倣をしたりして遊ぶ。
⑤ 保育士等とごっこ遊びをする中で、言葉のやり取りを楽しむ。
⑥ 保育士等を仲立ちとして、生活や遊びの中で友達との言葉のやり取りを楽しむ。
⑦ 保育士等や友達の言葉や話に興味や関心をもって、聞いたり、話したりする。
(ウ) 内容の取扱い
　上記の取扱いに当たっては、次の事項に留意する必要がある。
① 身近な人に親しみをもって接し、自分の感情などを伝え、それに相手が応答し、その言葉を聞くことを通して、次第に言葉が獲得されていくものであることを考慮して、楽しい雰囲気の中で保育士等との言葉のやり取りができるようにすること。
② 子どもが自分の思いを言葉で伝えるとともに、他の子どもの話などを聞くことを通して、次第に話を理解し、言葉による伝え合いができるようになるよう、気持ちや経験等の言語化を行うことを援助す

るなど、子ども同士の関わりの仲立ちを行うようにすること。
③ この時期は、片言から、二語文、ごっこ遊びでのやり取りができる程度へと、大きく言葉の習得が進む時期であることから、それぞれの子どもの発達の状況に応じて、遊びや関わりの工夫など、保育の内容を適切に展開することが必要であること。

オ　表現
　感じたことや考えたことを自分なりに表現することを通して、豊かな感性や表現する力を養い、創造性を豊かにする。
(ア) ねらい
① 身体の諸感覚の経験を豊かにし、様々な感覚を味わう。
② 感じたことや考えたことなどを自分なりに表現しようとする。
③ 生活や遊びの様々な体験を通して、イメージや感性が豊かになる。
(イ) 内容
① 水、砂、土、紙、粘土など様々な素材に触れて楽しむ。
② 音楽、リズムやそれに合わせた体の動きを楽しむ。
③ 生活の中で様々な音、形、色、手触り、動き、味、香りなどに気付いたり、感じたりして楽しむ。
④ 歌を歌ったり、簡単な手遊びや全身を使う遊びを楽しんだりする。
⑤ 保育士等からの話や、生活や遊びの中での出来事を通して、イメージを豊かにする。
⑥ 生活や遊びの中で、興味のあることや経験したことなどを自分なりに表現する。
(ウ) 内容の取扱い
　上記の取扱いに当たっては、次の事項に留意する必要がある。

① 子どもの表現は、遊びや生活の様々な場面で表出されているものであることから、それらを積極的に受け止め、様々な表現の仕方や感性を豊かにする経験となるようにすること。
② 子どもが試行錯誤しながら様々な表現を楽しむことや、自分の力でやり遂げる充実感などに気付くよう、温かく見守るとともに、適切に援助を行うようにすること。
③ 様々な感情の表現等を通じて、子どもが自分の感情や気持ちに気付くようになる時期であることに鑑み、受容的な関わりの中で自信をもって表現をすることや、諦めずに続けた後の達成感等を感じられるような経験が蓄積されるようにすること。
④ 身近な自然や身の回りの事物に関わる中で、発見や心が動く経験が得られるよう、諸感覚を働かせることを楽しむ遊びや素材を用意するなど保育の環境を整えること。

(3) 保育の実施に関わる配慮事項

ア 特に感染症にかかりやすい時期であるので、体の状態、機嫌、食欲などの日常の状態の観察を十分に行うとともに、適切な判断に基づく保健的な対応を心がけること。

イ 探索活動が十分できるように、事故防止に努めながら活動しやすい環境を整え、全身を使う遊びなど様々な遊びを取り入れること。

ウ 自我が形成され、子どもが自分の感情や気持ちに気付くようになる重要な時期であることに鑑み、情緒の安定を図りながら、子どもの自発的な活動を尊重するとともに促していくこと。

エ 担当の保育士が替わる場合には、子どものそれまでの経験や発達過程に留意し、職員間で協力して対応すること。

【監修者紹介】

谷田貝公昭（やたがい・まさあき）
　目白大学名誉教授、NPO法人子どもの生活科学研究会理事長
［主な著書］『図説・子ども事典』（責任編集、一藝社、2019年）、『改訂新版・保育用語辞典』（編集代表、一藝社、2019年）、『改訂版・教職用辞典』（編集委員、一藝社、2019年）、『新版 実践・保育内容シリーズ［全6巻］』（監修、一藝社、2018年）、『しつけ事典』（監修、一藝社、2013年）、『絵でわかるこどものせいかつずかん［全4巻］』（監修、合同出版、2012年）ほか

【編著者紹介】

大沢　裕（おおさわ・ひろし）
　松蔭大学コミュニケーション文化学部子ども学科教授
［主な著書］『教育の知恵60――教師・教育者を励まし勇気づける名言集』（単編著、一藝社、2017年）、『新版・幼児理解』（単編・共著、一藝社、2018年）、『新版・保育内容総論』（コンパクト版保育者養成シリーズ／共編・共著、一藝社、2018年）、『幼稚園と小学校の教育――初等教育の原理』（共著、東信堂、2012年）、『ペスタロッチー・フレーベル事典』（共著、玉川大学出版部、2006年）ほか。

【執筆者紹介】（五十音順）

秋山智美（あきやま・さとみ）　　　［第3章］
　　流通経済大学社会学部助教

大沢　裕（おおさわ・ひろし）　　　［第1章］
　　〈編著者紹介参照〉

川北典子（かわきた・のりこ）　　　［第8章］
　　大谷大学教育学部教育学科教授

川本榮子（かわもと・えいこ）　　　［第11章］
　　目白大学人間学部非常勤講師

佐野友恵（さの・ともえ）　　　　　［第7章］
　　武庫川女子大学短期大学部幼児教育学科専任講師

高尾淳子（たかお・あつこ）　　　　［第14章］
　　同朋大学社会福祉学部専任講師

田中君枝（たなか・きみえ）　　　　［第12章］
　　横浜保育福祉専門学校教務部次長

野川智子（のがわ・ともこ）　　　　［第10章］
　　松蔭大学コミュニケーション文化学部子ども学科准教授

橋本　樹（はしもと・たつき）　　　［第9章］
　　東京家政学院大学現代生活学部児童学科非常勤講師

林　典子（はやし・のりこ）　　　　［第4章］
　　帝京平成大学現代ライフ学部児童学科講師

原子はるみ（はらこ・はるみ）　　　［第2章］
　　和洋女子大学人文学部こども発達学科教授

古金悦子（ふるかね・えつこ）　　　［第5章］
　　松蔭大学コミュニケーション文化学部子ども学科准教授

三好伸子（みよし・のぶこ）　　　　［第6章］
　　金沢星稜大学人間科学部こども学科准教授

吉田　茂（よしだ・しげる）　　　　［第15章］
　　ふたば保育園園長・別府溝部学園短期大学特任教授

和田美香（わだ・みか）　　　　　　［第13章］
　　東京家政学院大学現代生活学部児童学科准教授

装丁(デザイン)本田いく
　　(イラスト)ふじたかなこ
図表作成　アトリエ・プラン

コンパクト版 保育内容シリーズ④
言葉

2018年3月5日　初版第1刷発行
2020年3月10日　初版第2刷発行

監修者　谷田貝 公昭
編著者　大沢　裕
発行者　菊池 公男

発行所　株式会社 一藝社
〒160-0014 東京都新宿区内藤町1-6
Tel. 03-5312-8890　Fax. 03-5312-8895
E-mail : info@ichigeisha.co.jp
HP : http://www.ichigeisha.co.jp
振替　東京 00180-5-350802
印刷・製本　シナノ書籍印刷株式会社

©Masaaki Yatagai
2018 Printed in Japan
ISBN 978-4-86359-153-0　C3037
乱丁・落丁本はお取り替えいたします